Markus Herbert Schmid

Der Prager Frühling

und die *68er*

IsiS Verlag Isidor Schmidt
Eichstätt

IMPRESSUM
Cover: A.-O. Schmid
Grafik: Bildarchiv MHS

Besonderer Dank für die Bereitstellung statistischer Daten in Form von Archivkopien gilt der Bundesbeauftragten für die Unterlagen des Staatssicherheitsdienstes der ehemaligen Deutschen Demokratischen Republik und der Stiftung Archiv der Parteien und Massenorganisationen der DDR im Bundesarchiv.

Informationen zu unserem Verlagsprogramm finden Sie im Internet unter **www.isis-verlag.de**

Printed in Germany
Eichstätt 2008

ISBN 978-3-939011-06-4

Inhaltsverzeichnis

Das damalige Ost-West-Verhältnis

1968 - das Jahr der Modernisierung

Das Verhältnis Regierende und Gesellschaft

Der Reformkurs in der ČSSR und die Intervention

Die Reaktionen auf den Einmarsch

Das veränderte Weltbild

Resümee

Anhang:
Quellen des MfS (Ministerium für Staatssicherheit)
Chronologie des Prager Frühlings
Bibliografie
Zum Autor

Das damalige Ost-West-Verhältnis

Während sich die USA in den 60er Jahren immer stärker in den Vietnamkrieg verstrickten, machten der Sowjetunion Probleme im eigenen Lager zu schaffen. Durch Pekings Bruch mit Moskau 1963/64 war eine rivalisierende Großmacht innerhalb der kommunistischen Staatenwelt entstanden. Die antisowjetische Tendenz von Mao Tse-tungs Kulturrevolution 1966/67 konnte nicht übersehen werden. Fast zeitgleich nahm Rumänien 1967 diplomatische Beziehungen zur Bundesrepublik Deutschland auf und drohte hierdurch aus dem Ostblock auszuscheren – wie bereits Jugoslawien Ende der 50er Jahre. In der Tschechoslowakei formierte sich unter der Führung von Intellektuellen eine breite Oppositionsbewegung, die einschneidende Wirtschaftsreformen, eine freiere Kulturpolitik und das Ende des Zentralismus forderte. Heftigen parteiinternen Debatten folgten Reformen, die im sogenannten „Prager Frühling" mündeten, in dem letztlich sogar kommunistische Grundpositionen infrage gestellt wurden.

Leonid Breschnew, der ein erklärter Feind jeglicher Liberalisierung des Staatssozialismus war, befürchtete ein Übergreifen des „tschechischen Bazillus" auf die anderen Staaten des Warschauer Paktes. Der Sowjetführer sah Moskaus Führungsanspruch gefährdet und versuchte die Prager Reformpolitiker einzuschüchtern. Doch weder Einladungen zu bilateralen Gesprächen in den Kreml noch Manöver an der Grenze zur Tschechoslowakei zeigten die erwünschte Wirkung. Daraufhin begann am 21. August 1968 die Invasion der ČSSR durch Truppen des Warschauer Pakts. Führende Persönlichkeiten der Tschechoslowakei hätten - so der damals offizielle Wortlaut der UdSSR – die Truppen zu Hilfe gerufen. Was folgte, war die blutige Niederschlagung des „Prager Frühlings" und Verhaftungen seiner führenden Köpfe. Um den Einmarsch nachträglich zu rechtfertigen, formulierte der sowjetische Staats- und Parteichef im November 1968 die nach ihm benannte Breschnew-Doktrin. Nach ihr konnte die Sowjetunion jederzeit mit militärischer Gewalt in die Entwicklung eines kommunistisch beherrschten Staates eingreifen für den Fall, dass das System in diesem Land bedroht war. Damit war zum einen die staatliche Souveränität der „sozialistischen Bruderländer" beschränkt und zum anderen die bedingungslose Loyalität gegenüber der sowjetischen Führung zementiert worden.

Prag am 21. August 1968:
Sowjet-Panzer auf dem Wenzelsplatz

„Rufen Sie keinerlei Konflikte hervor. Erklären Sie unseren Freunden, den Okkupationstruppen, dass bei uns Ruhe bis zu diesem Augenblick herrschte."[1]
(Radio Prag)

[1] Zitiert aus einer Rundfunksendung von Radio Prag, in: Skibowski, K. O., Schicksalstage einer Nation. Die CSSR auf dem Weg zum progressiven Sozialismus. Düsseldorf und Wien 1968, S.

1968 - das Jahr der Modernisierung

Das Jahr 1968 war zweifellos das Jahr der Rebellion schlechthin und steht 40 Jahre danach als Chiffre für Modernisierungs- und Demokratisierungsprozesse in Ost und West. Im Westen sollte eine Epoche der Fundamentalliberalisierung eingeleitet werden. Und speziell im Fall der BRD wird diese Phase heute zu Recht als eine Art soziokultureller Nachgründung der Republik angesehen. Man kämpfte hierzulande gegen den Krieg in Vietnam, gegen den „Muff von 1000 Jahren" und trat für eine Emanzipation von überkommenen alten Gesellschaftsordnungen ein. Besonders junge Menschen wollten sich nicht mehr an überkommenen Leitbildern orientieren, sondern rannten gegen festgefahrene Herrschafts- und Gesellschaftsstrukturen an. Zeitlich nahezu parallel schien es auch zu einem Wendepunkt in der tschechoslowakischen Geschichte zu kommen. Doch das romantische Traumgebilde vom „Prager Frühling", der in seiner Bedeutung erst richtig erkannt worden war, als er von sowjetischen Panzern niedergewalzt wurde, erfuhr jenseits des Eisernen Vorhangs kein Happy End, sondern erwies sich lediglich als tschechoslowakisches Experiment, als Probelauf für 1989.

Zu Beginn des „Prager Frühlings" ließ das goldene Prag die Bürger der Tschechoslowakischen Sozialistischen Republik hoffnungsvoll aus ihren Nischen heraustreten. Ganze Betriebsbelegschaften solidarisierten sich im Sommer 1968 mit dem „Manifest der 2000 Worte"[2] des Schriftstellers Ludvík Vaculík[3], das einen

[2] Am 27. Juni 1968 veröffentlichten mehrere Zeitschriften einen Artikel des Schriftstellers Ludvík Vaculík unter dem Titel „2000 Worte, gewidmet den Arbeitern, Bauern, Angestellten, Wissenschaftlern, Künstlern und allen", der weitere 69 Unterschriften von prominenten Tschechoslowaken trug. Die „2000 Worte" riefen damals im gesamten Ostblock eine ungeheure Empörung hervor. Am 11. Juli 1968 schleuderte Moskau in der Prawda den Bannstrahl gegen das Manifest und bezeichnete es als Symptom einer konterrevolutionären Revolte, weswegen in der gegenwärtigen historischen Etappe der ideologische Kampf wieder verschärft werden müsste; vgl. Schiller, U., Selten war der Kreml so ratlos. Zwischen leninistischer Theorie und stalinistischer Praxis, in: *DIE ZEIT* vom 19. Juli 1968, Nr. 29, S. 4.

[3] Ludvík Vaculík studierte als ausgebildeter Schuster von 1946 - 1951 an der Prager Hochschule für Politik und Sozialwissenschaften. Er arbeitete u.a. als Radioredakteur und als Erzieher in Lehrlingsheimen bis er im „Prager Frühling" durch sein „Manifest der 2000

radikalen und kompromisslosen Durchbruch zur sozialistischen Demokratie forderte. 15 Jahre nach dem deutschen Juni 1953 und 12 Jahre nach dem ungarischen Oktober 1956 brach an der Moldau der jahrelang aufgestaute Unmut los. Die Bevölkerung war der Abkopplung von der gesellschaftlichen wie auch der wirtschaftlichen Dynamik des Westens überdrüssig: Verfolgte Intellektuelle, entwürdigte Arbeiter und Angehörige der benachteiligten slowakischen Nationalität drängten seit geraumer Zeit auf Änderung des in der ČSSR vorherrschenden neostalinistischen Systems. Ausschlaggebend war jedoch der Umstand, dass sich viele Genossen abwandten vom bisherigen Führungsstil. Vor allem einige ZK-Genossen waren der Verachtung durch das eigene Volk müde.

Kein Geringerer als die Partei selbst war es, die sich ihres lokalen Diktators Antonín Novotný[4] entledigte und durch den bis dahin kaum in Erscheinung getretenen Alexander Dubček[5] ersetzte. Der gebürtige Slowake, der ebenso aufgeklärt wie sympathisch erschien, wurde gerade in dieser heiklen Phase des Aufbruchs nicht dem Ruf eines gnadenlosen in Moskau ausgebildeten Apparatschik gerecht, sondern mutierte im weiteren Verlauf der Geschichte als Erster Sekretär der KPČ (berufen am 5. Januar 1968) zum Protagonisten eines sozialistischen Reformversuchs.

Alexander Dubček

Worte“ hervortrat. Später wurde Vaculík Mitbegründer der tschechischen Menschenrechtsgruppierung „Charta 77“.

[4] Antonín Novotný war von 1957 bis 1968 Präsident der Tschechoslowakei. Mit seinem Namen verbindet sich die harte Repressionspolitik der frühen 1950er Jahre und die Fortsetzung der stalinistischen Linie bis in die 1960er Jahre. Mit der Liberalisierung ab 1964 nahm die Kritik an seiner Person immer stärker zu, bis er zu Beginn des „Prager Frühlings“ zum Rücktritt von seinen Ämtern (Parteichef und Präsident) gezwungen wurde.

[5] Alexander Dubček bekleidete seit 1949 verschiedene Parteiämter. Durch seinen Einsatz für einen „Sozialismus mit menschlichem Antlitz“ wurde er zur politischen Leitfigur des „Prager Frühlings“.

Zeitgenössische Karikatur:

Alexander Dubček in voller Fahrt Richtung Demokratie

Das Verhältnis Regierende und Gesellschaft

Die reformerischen Kräfte in der ČSSR begriffen, dass die Väter der starren marxistischen Ideologie nicht die Antwort auf alle Fragen der Menschheit gefunden hatten, d.h. dass mit der Abschaffung des Privateigentums an den Produktionsmitteln nicht automatisch ein Mensch mit einem neuen Bewusstsein, z.B. frei von jeglichem Gewinnstreben, geschaffen wurde. Bereits vor 1968 setzten sich so genannte „revisionistische Kräfte“ (Originalton Moskau) in der KPČ durch und strebten eine Art „sozialistische Marktwirtschaft“ an. Dieses Bestreben verselbstständigte sich im Jahr 1968 sehr schnell und der „leninistische Zentralismus“ sollte nicht nur in der Wirtschaft, sondern auch in der Politik ganz allgemein abgeschafft werden. Doch das Bemerkenswerteste dabei war die partielle Selbstentmachtung der KPČ, die darauf basierte, dass die Regierenden alle Teile der Gesellschaft aufriefen, an der Macht zu partizipieren. Prinzipiell wollte man nicht an den Grundlagen des Marxismus-Leninismus rütteln, wie immer wieder betont wurde und auch in der westdeutschen linken Studentenszene überwiegend so beurteilt wurde.[6] Die Kritik richtete sich vielmehr an die Diskrepanz zwischen dem Marxismus in seiner ursprünglichen Form und dem Marxismus wie ihn Dubčeks Vorgänger Novotný repräsentiert hatte. Theoretisch wurde der Kommunismus also bejaht, allerdings immer unter dem Vorbehalt von Freiheit und Demokratie. Das verdeutlicht am besten folgender Auszug aus dem Aktionsprogramm der KPČ. In dieser „Magna Charta“[7] der tschechoslowakischen Reformkommunisten wurde erklärt, dass *„ein breiter Spielraum der gesellschaftlichen Initiative, offener Meinungsaustausch und Demokratisierung des*

---

[6] Vgl. Krahl, H.-J., Zur historischen Dialektik der nachstalinistischen Reform in der CSSR. S. 3-15, in: Deppe, R./Heinrich, B./Bärmann, M., Die Tschechoslowakei 1945-1968. Zwischen Kapitalismus und Revolution. Mit einem Aufsatz von Ota Šik und einer Einleitung von Hans-Jürgen Krahl. (Voltaire Flugschriften, Hrsg. Bernward Vesper). Berlin 1968, S. 4.

[7] Vgl. Pauer, J., Der tschechoslowakische Reform- und Demokratisierungsprozess im Lichte der „Perestrojka“. S. 44-57, in: Miller, T. (Hrsg.), Prager Frühling und Reformpolitik heute. Hintergründe, Entwicklungen und Vergleiche der Reformen in Osteuropa. Akademiebeiträge zur politischen Bildung. Band 20. Herausgegeben von der Akademie für Politische Bildung, Tutzing. München 1989, S. 47.

gesamten gesellschaftlichen und politischen Systems buchstäblich zur Voraussetzung einer dynamischen sozialistischen Gesellschaft wird - zur Voraussetzung, dass wir im Wettbewerb vor der Welt bestehen und ehrenhaft unsere Verpflichtungen gegenüber der internationalen Arbeiterbewegung erfüllen ... "[8]
Bereits im Frühjahr 1968 wandte sich diesbezüglich die West-Berliner APO (Außerparlamentarische Opposition) an die Studenten in Prag und bekundete diesen ihre Solidarität für den eingeschlagenen Kurs. So begrüßte die Studentische Arbeitsgemeinschaft am Otto-Suhr-Institut der Freien Universität Berlin die „mutige Haltung" ihrer tschechoslowakischen Kollegen in ihrem „Kampf für Recht und Demokratie".[9] Man hoffte in weiten Kreisen des linken Spektrums der Bundesrepublik, dass die Vorgänge in der ČSSR mit einer Niederlage des Stalinismus endeten und sich somit neue Perspektiven der Freiheit für den Sozialismus eröffneten.
Nachdem man Alexander Dubček zum Vorsitzenden der KPČ gewählt hatte, kam es in der Folgezeit nicht nur zu einer Ablösung der alten stalinistischen Kaderfunktionäre, sondern regelrecht zu einer Revolution von oben, in der die kommunistische Partei der ČSSR anfangs nicht unter dem Druck von Massen handelte, sondern vielmehr selber versuchte, Druck zu erzeugen, um die Bevölkerung zu animieren (*„Das Neue dabei ist, dass es in der Geschichte der Machtausübung des Sozialismus zum ersten Mal dazu gekommen ist, dass das Zentralkomitee der an der Macht befindlichen Kommunistischen Partei sich an die Spitze einer großen Bewegung für die Demokratisierung des gesamten gesellschaftlichen Lebens gestellt hat. Damit hat es sich alle Aspirationen auf eine größere Freiheit, auf ein freies Leben der gesamten Bevölkerung zu eigen gemacht und eine Hoffnung auf die Erfüllung all dieser Bestrebungen gegeben."*[10] - Eduard Goldstü-

---

[8] Vgl. Skibowski, K. O., Schicksalstage einer Nation. Die CSSR auf dem Weg zum progressiven Sozialismus. Düsseldorf und Wien 1968, S. 8.
[9] Vgl. Deutsche Linke zeigt Solidarität, in: *Frankfurter Rundschau* vom 13. März 1968, Nr. 6, S. 2.
[10] Goldstücker, E., Sozialistische Demokratisierung. S. 11-12, in: Grünwald, L. (Hrsg.), CSSR im Umbruch. Berichte, Kommentare, Dokumentation. Wien 1968, S. 12.

cker[11]). Damit wurde die Trennung zwischen der Partei und der restlichen Gesellschaft durchbrochen und es kam zu einem bislang nicht gekannten breiten gesellschaftlichen Konsens. Ganz im Gegensatz zur Situation in Westdeutschland, wo es sich um eine Rebellion außerhalb der politischen Institutionen handelte, die in Konkurrenz zum parlamentarischen System bzw. ihrer Regierenden trat. Die rebellischen Kräfte in der BRD führten ihren Kampf gänzlich als Außerparlamentarische Opposition, wobei das Spannungsverhältnis zwischen Herrschenden und Beherrschten kaum ein Ventil fand. Die Politisierung der Öffentlichkeit in der BRD, die von den Schüler- und Studentenprotesten ausging, mündete deswegen oftmals in Provokationen bis hin zu massiven Gewaltanwendungen.[12] Allerspätestens seit dem Attentat auf Rudi Dutschke verlor die APO ihre antiautoritäre Ausrichtung, sodass die Ebene des Wortradikalismus verlassen wurde und die Unruhen das Ausmaß regelrechter Straßenschlachten annahmen. Der Spruch *„Macht kaputt, was Euch kaputt macht“* leitete schließlich den politischen Amoklauf der ehemals antiautoritären Protestbewegung ein.[13] Und für einige wenige Repräsentanten der *68er*-Generation (z.B. die Gruppe um Baader-Meinhof) sollte pure Gewalt in den folgenden 70er Jahren der einzige Weg sein, um doch noch eine Umwälzung der Gesellschaft in ihrem Sinne zu verwirklichen.

Hierzu diametral gestaltete sich der Reformkurs 1968 in der ČSSR, der von der Regierung Dubček geleitet wurde. Die Partei-

---

[11] Eduard Goldstücker musste 1933 vor den Nationalsozialisten emigrieren. Nach Kriegsende kehrte er in die Tschechoslowakei zurück und war in verschiedenen diplomatischen Funktionen für sein Land tätig. Nach einem konstruierten Prozess und der Verurteilung zu lebenslanger Haft in der stalinistischen Phase rehabilitierte man ihn 1955, so dass er seine Universitätstätigkeit aufnehmen konnte. Von 1958 - 1968 hatte Goldstücker den Lehrstuhl für Germanistik an der Karlsuniversität in Prag inne, bis er nach dem Einmarsch sowjetischer Panzer in Prag abermals in die Emigration ging.

[12] Vgl. Habermas, J., Die Scheinrevolution und ihre Kinder. Sechs Thesen über Taktik, Ziele und Situationsanalysen der oppositionellen Jugend. S. 151-159, in: Baier, H. (Hrsg.), Studenten in Opposition. Beiträge zur Soziologie der deutschen Hochschule. Bielefeld 1968, S. 152 ff.

[13] Vgl. Weyer, H., MSB Spartakus. Von der studentischen Protestbewegung zum Klassenkampf. (Schriftenreihe der Studiengesellschaft für Zeitprobleme e.V. Bad Godesberg. Band 12. Zeitpolitik). Stuttgart-Degerloch 1973, S. 19 ff.

führung war entschieden darauf bedacht, die Einheit im Volk herzustellen und vor allem den „großen Bruder" in Moskau nicht unnötig zu reizen. Während des „Prager Frühlings" waren gewalttätige Aktionen zwischen der Regierungsführung und der Bevölkerung folglich ausgeschlossen. Letzteres war insbesondere auf die Einführung von Meinungs- und Pressefreiheit zurückzuführen: *„In der Presse müssen auch von den offiziellen Standpunkten des Staates und der Parteiorgane abweichende Ansichten zu Wort kommen. Die Freiheit des Wortes, der Minderheitsinteressen und -ansichten muß durch Rechtsnormen garantiert werden ...“*[14]

---

[14] Das Aktionsprogramm der Kommunistischen Partei der Tschechoslowakei (Autorisierter Auszug). S. 133-157, veröffentlicht in: *Smena* vom 10. März 1968 (Bratislava); abgedruckt in: Grünwald, L. (Hrsg.), CSSR im Umbruch. Berichte, Kommentare, Dokumentation. Wien 1968, S. 140/141.

Der Reformkurs in der ČSSR und die Intervention

Den Forderungen aus der gesamten Gesellschaft nach mehr Demokratie, Rehabilitierung stalinistischer Opfer bzw. Schutz der Bürgerrechte wurde 1968 in dem Sinn Rechnung getragen, als die Parteiführung am 5. April 1968 ein Aktionsprogramm verabschiedete, das einen „Sozialismus mit menschlichem Antlitz" versprach. Damit war auch innerhalb der Linken in der BRD die Hoffnung verbunden, dass der Sozialismus aufhören würde, für alle bürgerlichen Kräfte ein bloßes Schreckgespenst zu sein. Mit einem persönlichen Bekenntnis zum KPČ-Chef bezog der damalige Bundesaußenminister und Vorsitzender der SPD Willy Brandt Stellung zu den Reformbestrebungen und meinte, *„Dubček, vor dem ich jede mögliche Hochachtung empfinde"*, habe mit seinen Reformbestrebungen *„den Gedanken des Humanismus, der Demokratie und der Freiheit gerecht werden wollen ... Dieses Gespenst des Sozialismus und der Freiheit wird umgehen ..."*[15]
Der Leitgedanke der Reformen in der ČSSR war, dass nicht mehr eine bestimmte Klasse, sondern die Menschen in den Mittelpunkt der Betrachtungen gestellt werden.[16] Man glaubte, dem Kommunismus böte sich eine Chance, wie sie seit der Oktoberrevolution nicht mehr vorhanden war, nämlich die Realisierung eines bislang nur in der Theorie existierenden demokratischen und humanen Kommunismus. Dieser sollte eine revolutionäre und befreiende Alternative zum bürokratischen Sozialismus der stalinistischen Konzeption sein.[17] Dazu gehörten eine Reihe von Resolutionen, die u.a. das Mehrparteiensystem und sogar den Austritt aus dem Warschauer Pakt forderten. Ebenso entstanden neuartige Massenorganisationen wie z.B. der „Klub engagierter Parteiloser". Das berühmte „Manifest der 2000 Worte" des Schriftstellers Vaculík

---

[15] Vgl. Brandt: Dubček wollte das gleiche wie die SPD, in: *Frankfurter Rundschau* vom 23. September 1968, Nr. 221, S. 1.

[16] Vgl. Löbl, E., Der sozialistische Humanismus. S. 77-85, in: Löbl., E./Grünwald, L., Die intellektuelle Revolution. Hintergründe und Auswirkungen des „Prager Frühlings". Düsseldorf 1969, S. 77.

[17] Vgl. Grebing, H., Der Revisionismus. Von Bernstein bis zum „Prager Frühling". München 1977, S. 221.

beinhaltete eine geradezu vernichtende Abrechnung mit der bis dahin vorherrschenden Parteibürokratie. Ihr schrieben die Reformkräfte die Schuld des Niedergangs der politischen Kultur während der 20-jährigen KPČ-Alleinherrschaft zu. Freie Wahlen zwischen freien Parteien waren folglich als unerlässlich für einen Demokratisierungsprozess postuliert worden.

Zeitgenössische Karikatur:

Kurz vor der gewaltsamen „Abtreibung“:
Der Geburtshelfer „Dr. Dubček“ mit der „Patientin Tschechoslowakei“, die schwanger war vom Prager Frühling und einen Sozialismus mit menschlichem Antlitz auf die Welt bringen sollte.

Parallel zu diesen Reformbestrebungen wuchs der Widerstand in den kommunistischen Parteiführungen der sozialistischen „Bruderländer". Wie zerbrechlich besagter „Prager Frühling" war, macht ein Bericht von Radio Prag deutlich. Die Mitteilung des Rundfunks ließ erkennen, dass es bei den Verhandlungen um die Fortsetzung des Demokratisierungsprozesses auf Biegen und Brechen ging: *„Die Situation ist ähnlich der in einem Operationssaal während einer Herztransplantation."*[18] Die Sowjetunion betrachtete Vaculíks Erklärung als offizielle Proklamation der „Gegenrevolution" und forderte eine öffentliche Distanzierung der Prager Führung von diesem Dokument. Hinweise und Warnungen seitens der fünf späteren Okkupanten-Staaten wurden in der ČSSR hingegen unterschätzt. Dubček und seine Gesinnungsgenossen waren bereit, den freien Wettbewerb der Ideen in einem beträchtlichen Ausmaß zu dulden.

Insbesondere die Infragestellung der führenden Rolle der kommunistischen Partei, dem ehernen Gesetz im Marxismus-Leninismus sowjetischer Prägung, mag ein Hauptgrund gewesen sein, dass die Moskauer Orthodoxie im reformkommunistischen „Frühling" eindeutig ihre Herrschaft bedroht sah. Die reaktionär-dogmatischen KP-Führer in Moskau hatten Angst vor diesem neuen Modell des Sozialismus, der „Synthese von Kommunismus und Freiheit",[19] denn damit konnte in den Augen der Dogmatiker dem bestehenden System die eigentliche Grundlage entzogen werden. Wie allen Ostblock-Regimen fehlte bis dato auch der KPČ-Führung die demokratische Legitimierung. Ihr Herrschaftsanspruch gründete lediglich auf ideologischer Basis. Diese Begründung ließ sich allerdings kaum mehr aufrechterhalten, falls sich langfristig ein weltanschaulicher Pluralismus durchgesetzt hätte. Dubček jedenfalls reagierte seinerseits nicht mit repressiven Maßnahmen, sodass sich die Sowjetunion zusammen mit der DDR, Polen, Ungarn, und Bulgarien entschieden, in der ČSSR

---

[18] Gespräch in der Ostslowakei fortgesetzt (Radio Prag: Die Situation ist ähnlich wie bei einer Herztransplantation), in: *Süddeutsche Zeitung* vom 31. Juli 1968, Nr. 183, S. 1.

[19] Vgl. Leonhard, W., Moskaus Polizei-Kommunismus, in: *Die Zeit* vom 30. August 1968, Nr. 35, S. 6.

einzugreifen, um das „angeschlagene Wahrheitsmonopol“ wiederherzustellen.[20] All diese Staaten mussten letztlich befürchten, dass es genauso wie im Westen in der Tschechoslowakei zu einer Bewegung kommen würde, die die Autorität der dort Regierenden, des bisherigen Establishments, quasi aus den Angeln heben würde. Damit hätte die UdSSR nicht nur einen Vasallen weniger gehabt, sondern der Eiserne Vorhang wäre an der westlichen Peripherie des Ostblocks zu ihren Ungunsten nach Osten verschoben worden. Heinrich Böll, der sich zum Zeitpunkt des Einmarsches in Prag befand, vertrat die Meinung, das eigentliche Motiv für die Intervention der Sowjetunion sei die Opposition im eigenen Land gewesen.[21] Die in beiden Ländern immer wieder geforderte Pressefreiheit ließe für die Kremlführung nur den Schluss zu, die praktizierte Presse- und Meinungsfreiheit würde sich als ansteckende Krankheit für alle Ostblockstaaten entpuppen.

Der tschechoslowakische Selbstbestimmungsversuch endete am 21. August 1968 mit der Besetzung der ČSSR durch Truppen des Warschauer Pakts. Militärisch gesehen war die Invasion ein Erfolg, aber politisch mutierte das Unternehmen zu einem einzigartigen Fiasko. Die Okkupation der ČSSR war nicht nach den Plänen der Sowjetführer verlaufen. Der einmütige Widerstand des gesamten Volkes stellte sich bedeutend größer heraus, als es der Kreml erwartete. Die Bevölkerung protestierte zu Hunderttausenden auf der Straße gegen den Einmarsch in ihr Land und forderte die Rückkehr der tschechoslowakischen Staatsführung, die in die Sowjetunion verschleppt worden war. Mit andauernder Besetzung äußerte sich der Widerstand des tschechoslowakischen Volkes immer mehr in beißender Satire. So entlud sich der Hass gegen die Okkupanten u.a. an den Hauswänden:[22] In Karikaturen entstand der „Russe als Uhrenklau“, ebenso der sowjetische „Bruder“, der in der Umarmung den Tschechoslowaken das Messer in

[20] Vgl. Luks, L. Geschichte Russlands und der Sowjetunion. Von Lenin bis Jelzin. Regensburg 2000, S. 468.

[21] Vgl. Telephon-Interview mit Heinrich Böll: Die Blamage der Sowjets, in: *Die Zeit* vom 30. August 1968, Nr. 35, S. 4.

[22] Vgl. Skibowski, K. O., Schicksalstage einer Nation. Die CSSR auf dem Weg zum progressiven Sozialismus. Düsseldorf und Wien 1968, S. 144 ff.

den Rücken stieß. Und das „russische Ungeheuer" war zu sehen, das mit Hammer und Sichel Kinder, die Friedenstaube und die Freiheit schlachtete. Besonders erniedrigend mag für die sowjetischen Soldaten immer wieder die Gleichsetzung zwischen faschistischer und stalinistischer Okkupation - in Bezugnahme auf die Daten 1938 (Münchner Abkommen) und 1968 - gewesen sein: Hitler, der Breschnew einen Orden verleiht, Ulbricht mit Stirnlocke, die UdSSR mit den Runenzeichen der SS geschrieben.
In der Sowjetunion verdeutlichte die Moskauer Seite der Delegation aus Prag, dass die angestrebten Ideale von Humanismus und nationaler Souveränität den Interessen der UdSSR zuwider liefen. Dubček musste deshalb spätestens seit seiner Rückkehr aus Moskau klar gewesen sein, dass nicht er und das tschechoslowakische Volk die Hauptentscheidungsträger in diesem Prozess waren. Folglich sprach Dubček am 27. August 1968 in seiner Rundfunkansprache die faktischen Befugnisse seiner Regierung an: *„Diese Tätigkeit wird sich allerdings in einer Situation abspielen, in einer Realität, die nicht nur von unserem Willen abhängig ist."*[23]

[23] Rede des tschechoslowakischen Parteichefs. Dubček: der weitere Weg wird schwer, in: *Süddeutsche Zeitung* vom 28. August 1968, Nr. 207, S. 3.

Die Reaktionen auf den Einmarsch

In Westdeutschland dauerte es nur wenige Stunden bis es von studentischer Seite erste Proteste gegen den Einmarsch der Truppen des Warschauer Paktes in die ČSSR gab. Am Vormittag des 21. August versammelten sich 250 Studenten und brachen gegen Mittag zu der in Niederrad gelegenen sowjetischen Militärmission auf, um gegen die Intervention zu protestieren. An der Spitze ihres Demonstrationszuges führten sie ein Transparent mit sich, auf dem stand: *„Imperialismus und Stalinismus - Feinde des Sozialismus“*. Als sie die Militärmission erreichten, hielt Volkhard Mosler vom SDS (Sozialistischer Deutscher Studentenbund) eine Ansprache und kritisierte darin ganz unverblümt die Sowjetunion, deren Macht nicht demokratisch legitimiert sei, sondern lediglich auf „purer Militärmacht“ beruhe.[24] Als einige Studenten zum Sturm auf die Militärmission aufriefen, konnten diese nur mit Mühe von Polizisten davon abgehalten werden. Am Abend war es nochmals zu einem Demonstrationszug vom Studentenwohnheim aus gekommen. Vor dem Büro des DDR-Ministeriums für Außenwirtschaft hielt Hans-Jürgen Krahl[25] eine Rede und meinte sogar, dass Dubčeks Demokratisierungsprozess nicht entschieden genug vorangetrieben worden sei. Junge Demonstranten der APO riefen in Sprechchören: *„Russen raus aus Prag“* oder *„Wer hat die Revolution verraten? Rote Bürokraten“*.[26] Zuerst wurden die Slogans allgemein anerkennend aufgenommen. Als jedoch die gleichen APO-Leute *„Ho-Tschi-Minh“*-Rufe anstimmten, beließen es etliche Berliner nicht bei Pfiffen, sondern kamen sprichwörtlich der zuvor geäußerten Aufforderung von Ernst

[24] Vgl. Kraushaar, W. (Hrsg.), Frankfurter Schule und Studentenbewegung. Von der Flaschenpost zum Molotowcocktail. 1946-1995. Band 1. Chronik. Hamburg 1998, S. 353.

[25] Hans-Jürgen Krahl war als Adorno-Schüler und bekannter Studentenaktivist der *68er*-Bewegung seit 1964 SDS-Mitglied. Bei Theodor W. Adorno, dem wichtigsten Theoretiker der Kritischen Theorie, begann Krahl 1965 seine Dissertation zum Thema *Naturgesetz der kapitalistischen Bewegung bei Marx*.

[26] Vgl. Der Standort der Berliner Linken (Die außerparlamentarische Opposition im „Zwei-Fronten-Krieg“), in: *Frankfurter Allgemeine Zeitung* vom 5. September 1968, Nr. 206, S. 1.

Lemmer[27] nach, mit den Leuten „Schluss zu machen". Trotzdem wäre es laut der *Frankfurter Allgemeinen Zeitung* zu einfach gewesen, wenn man die Theoretiker des Republikanischen Clubs Berlin und die Demonstranten der APO nur als Handlanger Ulbrichts oder als Agenten des Ostens diffamiert hätte. Die Abgrenzung gegen die Sowjetunion sei eindeutig gewesen. Aus der Stellungnahme zur ČSSR-Frage, die im *Extra-Dienst* veröffentlicht wurde, ging die eindeutige Enttäuschung über die militärische Intervention hervor und diese wurde praktisch einem Verrat an der Arbeiterbewegung schlechthin gleichgesetzt. So hieß es u.a.: *„Dies bestätigt den Verdacht, dass die Sowjetunion an der aktiven Unterstützung der westeuropäischen Arbeiterbewegung nicht interessiert ist."*[28] Deshalb werde die *„gewaltsame Unterdrückung des tschechoslowakischen Experiments zu einem Akt der Konterrevolution."*[29]

Auch in München initiierte gleich nach der ČSSR-Besetzung der AStA (Allgemeiner Studentenausschuss) der Technischen Hochschule eine Unterschriftenaktion mit dem Slogan *„Solidarität mit dem tschechoslowakischen Volk und seinen rechtmäßigen Führern"*.[30] Darüber hinaus wurde versucht, breitere Kreise in der Gesellschaft anzusprechen und am 26. August auf dem Stachus eine Unterschriftenaktion durchzuführen. Dazu aufgerufen hatte neben dem AStA der Technischen Hochschule auch der SHB (Sozialdemokratischer Hochschulbund).

Nicht wenige Statements der westdeutschen *68er* ließen jedoch schon sehr bald Konfliktpotenziale hinsichtlich der Beurteilung der sowjetischen Intervention erkennen. Die zwei kontroversesten

---

[27] Ernst Lemmer wurde 1946 von der Sowjetischen Militäradministration zum 2. Vorsitzenden der CDU in der SBZ (Sowjetische Besatzungszone) berufen. Nach seiner Absetzung im Jahr 1947 wegen Widerstand gegen die „Volkskongressbewegung" gründete er gemeinsam mit Jakob Kaiser und anderen in Ostdeutschland entmachteten Christdemokraten die Exil-CDU. Lemmer fungierte danach in verschiedenen Kabinetten und diente von 1966 - 1969 unter Bundeskanzler Kurt Georg Kiesinger als Sonderbeauftragter für Berlin.

[28] Vgl. Der Standort der Berliner Linken (Die außerparlamentarische Opposition im „Zwei-Fronten-Krieg"), in: *Frankfurter Allgemeine Zeitung* vom 5. September 1968, Nr. 206, S. 1.

[29] Ebd.

[30] Vgl. Studenten sammeln Unterschriften, in: *Süddeutsche Zeitung* vom 26. August 1968, Nr. 205, S. 14.

Interpretationen im weiten Feld der APO von 1968 lauteten zum einen, die Intervention sei in Wahrheit die Reaktion eines totalitär-imperialistischen Systems. Zum anderen vertrat man in einigen wenigen Kreisen die Meinung, der Einmarsch sei eine berechtigte Abwehrmaßnahme gegen eine antisozialistische Machtergreifung in der ČSSR gewesen.[31] Das heißt, vereinzelt gab es innerhalb von SHB und SDS Befürworter der sowjetischen Intervention, wie z.B. im Zuge eines DDR-Aufenthaltes in einer Gruppe von SHB- und SDS-Mitgliedern, in denen die Besetzung der ČSSR begrüßt wurde.[32] Der Zentralrat des SHB distanzierte sich davon allerdings mit aller Schärfe und verwies darauf, dass die SHB-Mitglieder Privatreisende gewesen seien und deshalb keineswegs als repräsentativ für den Verband galten.

Wie zerstritten das linke Spektrum damals war, wird am 22. August 1968 auf einer vom Deutschen Gewerkschaftsbund und der Frankfurter SPD organisierten Protestkundgebung deutlich.[33] Den SPD-Oberbürgermeister Willi Brundert unterbrachen mehrmals in seiner Rede Zwischenrufe, die auf die Rolle der USA in Vietnam hinwiesen. Später kam es abermals zu einem Eklat, weil entgegen vorherigen Absprachen den Sprechern der APO das Mikrofon verweigert wurde. Auf der Rednerbühne folgten Rangeleien und danach spaltete sich die Menge in zwei verschiedene Protestmärsche auf. Die eine Gruppe zog mit dem IG-Metall-Vorsitzenden und dem SPD-Oberbürgermeister zur tschechoslowakischen Handelsmission. Die weitaus größere Menge brach zur sowjetischen Militärmission auf und forderte dort die zur Bewachung eingesetzte Polizeihundertschaft auf, sich zurückzuziehen. Einer kleinen Gruppe gelang es, auf das abgesperrte Gelände vorzudringen. Sie ließen sich dort zu einem Sit-in nieder und blieben selbst noch nach der Aufforderung von Hans-Jürgen Krahl, sich von der Polizei nicht niederknüppeln zu lassen. Erst 50 mit Helmen ausgerüstete amerikanische Militärpolizisten gelang es, das Sit-in abzubre-

---

[31] Vgl. Klönne, A., CSSR-Intervention und die Linke. S. 906-914, in: Bentele, H. u.a., Blätter für deutsche und internationale Politik. September 1968, Heft 9, S. 906.

[32] Vgl. SHB distanziert sich, in: *Süddeutsche Zeitung* vom 27. August 1968, Nr. 206, S. 6.

[33] Vgl. Kraushaar, W. (Hrsg.), Frankfurter Schule und Studentenbewegung. Von der Flaschenpost zum Molotowcocktail. 1946-1995. Band 1. Chronik. Hamburg 1998, S. 353/354.

chen und die Demonstranten zogen die *Internationale* singend wieder ab.
Gerade pünktlich zur Besetzung der ČSSR veröffentlichte der Berliner Senat Ende August 1968 eine Dokumentation über die Versuche der Westberliner SED (Westberliner Sozialistische Einheitspartei Deutschlands), Einfluss auf die Gruppen der APO zu gewinnen. Darin stellte das Amt des damaligen Berliner Innensenators fest, dass es seit dem 1. Mai 1968 zu „verstärkten Auseinandersetzungen" zwischen der APO und der SED-Westberlin gekommen sei.[34] Am stärksten wäre dies zum Ausdruck gekommen, durch die Weigerung der SED, an der Sympathiekundgebung der APO-Gruppen vor der tschechoslowakischen Militärmission in Westberlin teilzunehmen.
Einmalig dürfte wohl die Reaktion des Zentralorgans der illegalen Kommunistischen Partei Deutschlands (KPD) in der Bundesrepublik gewesen sein, die ihren Nachwuchs u.a. ebenfalls aus der linken Studentenschaft rekrutierte. Unisono wurde in dieser Organisation, die allerdings verglichen mit den anderen politischen Gruppierungen der *68er* von ihrer Bedeutung her zu vernachlässigen war, die Intervention der Warschauer Pakt-Staaten gerechtfertigt.[35] Speziell in dieser Bedeutungslosigkeit der KPD sah Jiří Pelikán[36] die Ursache für die prosowjetische Stellungnahme. Ihre politische Schwäche schien die KPD dadurch kompensieren zu wollen, dass sie sich vorbehaltlos auf die KPdSU und die UdSSR stützte.[37] So sei der Einmarsch nach KPD-Meinung nur die Antwort auf die Bestrebungen antisozialistischer und konterrevoluti-

[34] Vgl. Senatsdokumentation über Einfluß der Westberliner SED auf die APO, in: *Süddeutsche Zeitung* vom 28. August 1968, Nr. 207, S. 8.
[35] Vgl. Kamberger, K. (Red.), Der Fall CSSR. Strafaktion gegen einen Bruderstaat. Eine Dokumentation. Frankfurt am Main 1968, S. 43.
[36] Jiří Pelikán war von 1963 - 1968 Direktor des tschechoslowakischen Fernsehens und organisierte nach dem Einmarsch der Warschauer Truppen den publizistischen Widerstand. Als Abgeordneter des tschechoslowakischen Parlaments trug er wesentlich zum „Prager Frühling" bei und wurde einer seiner Protagonisten. Nach dem endgültigen Sieg des reformfeindlichen Flügels der KPČ musste er 1969 die Tschechoslowakei verlassen.
[37] Vgl. Pelikán, J., Internationale Arbeiterbewegung, „Prager Frühling" und weitere Reformversuche am sowjetischen Gesellschaftsmodell. S. 233-272, in: Mlynář, Z. (Hrsg.), Der „Prager Frühling". Ein wissenschaftliches Symposium. Köln 1983, S. 241.

onärer Gruppierungen in der ČSSR gewesen. Die Breschnew-Doktrin der beschränkten Souveränität sei deswegen im Interesse der Verteidigung des Sozialismus durchaus angebracht.
Darüber hinaus wurde die Besetzung der ČSSR unter anderen Links-Gruppierungen ebenfalls von der Spitze der DFU (Deutsche Friedens-Union) gerechtfertigt. Die Tschechoslowakei habe ihre Existenz nicht der Bundesregierung oder den Landsmannschaften, sondern der Roten Armee zu verdanken.[38] Erst als allmählich immer mehr die Umstände von der Tragödie des tschechoslowakischen Volkes bekannt geworden waren, raffte sich der DFU-Bundesvorstand am 1. September 1968 dazu auf, die Intervention zu verurteilen.[39]
Ein weiteres Beispiel für die Zerstrittenheit der westdeutschen Linke liefert der Leserbrief eines Mitglieds der SDAJ (Sozialistische Deutsche Arbeiterjugend). Alfons Diemer schreibt im SPIEGEL vom 16. September 1968: *„Es stimmt zwar, dass die in ihrem altstalinistischen Gartenzwergkommunismus verharrende Parteibürokratie der »Sozialistischen Deutschen Arbeiterjugend« die Intervention der UdSSR in der ČSSR als friedensförderndes Werk begrüßte. Doch gibt es in den meisten SDAJ-Ortsverbänden starke linke und anti-autoritäre Fraktionen, die die UdSSR schon längst nicht mehr als Repräsentant und Vorkämpfer des Sozialismus betrachten ... In Mannheim zum Beispiel ist es gelungen, den Konflikt zwischen sozialistischem und bürokratischem Flügel aufzureißen ...“*[40]
Eine Besonderheit in der argumentativen Auseinandersetzung stellte die Abgrenzung zwischen „links“ und „rechts“ dar. Große Teile der APO befanden sich spätestens seit der sowjetischen Okkupation in einer gemeinsamen Argumentationsfront mit den antisozialistischen Kräften der Bundesrepublik. Das veranlasste u.a. das orthodox-kommunistische APO-Lager, dem antiautoritären und linkssozialistischen Lager eine „Tatgemeinschaft“ mit dem

[38] Vgl. APO. CSSR-Besetzung. Hüpfendes Herz. S. 30/31, in: DER SPIEGEL vom 2. September 1968, Nr. 36/1968, S. 31.
[39] Vgl. Gartenzwerge, in: DER SPIEGEL vom 16. September 1968, Nr. 38/1968, S. 14.
[40] Gartenzwerge, in: DER SPIEGEL vom 16. September 1968, Nr. 38/1968, S. 14/15.

bürgerlich-liberalen Lager vorzuwerfen.[41] Dass sich die jungen *68er* aus der antiautoritären bzw. linkssozialistischen APO-Szene allerdings nur in ganz wenigen Fällen mit „reaktionären Kräften" zusammentaten, verstand sich häufig fast wie von selbst. Einerseits wurde allgemein die Meinung vertreten, linke Gruppierungen wie der SDS dürfe die Sowjetunion kritisieren. Andererseits sollte diese Kritik immer so formuliert werden, dass sich ein Imperialist ihr nie anschließen könne.[42] Denn der überwiegenden Mehrheit der *68er* erschien es zwar notwendig gegen die Besetzung der ČSSR zu protestieren, gleichzeitig konnte man damit aber Gefahr laufen, sich mit staatstragenden Elementen der Bundesrepublik gemeinzumachen. Konzertierte Aktionen mit dem konservativen Spektrum waren deshalb für die *68er*-Generation bezüglich des Überfalls auf die ČSSR nur selten möglich. Und wenn es wirklich einmal dazu kam, versuchte die APO, sich mit Teach-ins und Flugblättern in der „fatalen Einheitsfront" aus Linken, Nationalisten und Kapitalisten von der protestierenden „Bourgeoisie" abzusetzen.[43] So lässt sich feststellen, dass es bei fast jeder Gelegenheit, bei der das linke und das rechte Lager aufeinandertraf, zu Auseinandersetzungen um die Art und Weise der Demonstration kam. Wie am 21. August 1968 in München, als sich Mitglieder der JU (Junge Union) einer Kundgebung anschlossen und ein Plakat mit dem Franz-Josef Strauß-Zitat *„Gewalt bleibt das Mittel sowjetischer Politik"* zum Zankapfel eines Teach-ins wurde. Ein Mitglied der Jungsozialisten vertrat die Ansicht, Zitate eines Bundesfinanzministers namens Franz-Josef Strauß seien mit einer Unterstützung des demokratischen Sozialismus in der ČSSR nicht vereinbar. Ein anderer Sprecher des SDS kritisierte das „freiheitliche Gefasel von Leuten, die keinen

---

[41] Vgl. Hartmann, B., Die Ereignisse in der CSSR aus marxistischer Sicht. S. 915-944, in: Bentele, H. u.a., Blätter für deutsche und internationale Politik. September 1968, Heft 9, S. 915.

[42] Vgl. Weiss, P./Fried, E., Die Entwicklung hat auch ihr Gutes. S. 35-41, in: Weißenborn, N. (Hrsg.), »konkret extra«. Prag und die Linke. Hamburg 1968, S. 40.

[43] Vgl. APO. CSSR-Besetzung. Hüpfendes Herz. S. 30/31, in: DER SPIEGEL vom 2. September 1968, Nr. 36/1968, S. 31.

Ton zu Vietnam, Griechenland, Spanien und Portugal von sich geben" würden.[44]

Viele West-Berliner folgten im August 1968 den Aufrufen, um mit einem Schweigemarsch gegen die Besetzung der Tschechoslowakei zu protestieren. Am 28. August kam es dort zu zwei getrennten Demonstrationen. Die größere Gruppe bestand aus mehreren Tausend Jugendlichen, die mit roten Fahnen und Losungen wie z.B. *„Gegen Kapitalismus und Stalinismus"* über den Kurfürstendamm zogen.[45] Auf ihren Flugblättern wurde ausdrücklich darauf hingewiesen, es handele sich um keine Aktion gegen den Kommunismus, sondern nur um eine Kundgebung, die gegen den sowjetischen Imperialismus gerichtet sei. Am zweiten Demonstrationszug beteiligte sich dagegen das von den linken Kräften kritisierte Establishment mit Vertretern des Beamtenbundes und der Lehrerverbände an der Spitze. Wenn damals wirklich einmal eine der seltenen gemeinsamen Aktionen zwischen dem linken und dem rechten Spektrum stattfand, so endete diese in der Regel mit handfesten Auseinandersetzungen um Marginalien, die mit der Invasion in die ČSSR kaum etwas zu tun hatten.[46] Einig war sich linkes und rechtes Spektrum lediglich in der scharfen Verurteilung des Überfalls auf die ČSSR, aber hinsichtlich der weiteren Entspannungspolitik kamen beide Parteien regelmäßig zu unterschiedlichen Beurteilungen.

Am 2. September 1968 erschienen trotz der Semesterferien in der Frankfurter Uni über 500 Studenten zu einem vom SDS organisierten Teach-in über den Einmarsch in der ČSSR. Der Diskussionsleiter bekannte sich offen dazu, sich in seiner Ansicht über die verwirklichte sozialistische Praxis sichtlich getäuscht zu haben. Aus den Ereignissen in Prag müsse der SDS seine Lehren ziehen. Verblüffend war die Aggressivität der Worte. Die Studenten waren darüber einig, dass es sich bei der Reformgruppe um

---

[44] Vgl. Die Tschechen und Slowaken nicht allein lassen, in: *Süddeutsche Zeitung* vom 22. August 1968, Nr. 202, S. 17/18.

[45] Vgl. Schweigemarsch in Westberlin, in: *Süddeutsche Zeitung* vom 29. August 1968, Nr. 208, S. 5.

[46] Vgl. Auf dem Königsplatz Proteste gegen die Gewalt, in: *Süddeutsche Zeitung* vom 26. August 1968, Nr. 205, S. 13.

Alexander Dubček eigentlich nur um die „dritte Generation von Stalinisten" handelte. Dubček und seinen Leuten warfen die westdeutschen Studenten vor, die Demokratisierung nicht um ihrer selbst willen, sondern rein aus ökonomischen Sachzwängen heraus betrieben zu haben.[47]

Wesentlich gemäßigter war die Politik der damaligen westdeutschen Regierung unter dem sozialdemokratischen Außenminister Willy Brandt. Verglichen mit den verbalen Attacken der linken Studentenbewegungen fiel Brandts Reaktion sehr verhalten aus. In einem SPIEGEL-Interview vom 9. September 1968 mit dem damaligen Außenminister war vom „Flankenschutz" für Dubček und seine Reformer die Rede. Mehr noch war die ökonomische Zusammenarbeit für Brandt ein unerlässliches Mittel, um den Demokratisierungsprozess im gesamten osteuropäischen Sozialismus voranzutreiben. Was das Verhalten der BRD während des „Prager Frühlings" und der sowjetischen Intervention betraf, so verteidigte Brandt aber bewusst die „Politik des Sich-Nichteinmischens".[48] Die deutsche Regierung wollte Dubček bewusst keine Steine, z.B. in Form von aggressiven verbalen Verurteilungen, in den Weg werfen. Innenpolitisch musste sich Brandt sogar vehement gegen eine Dramatisierung der Ereignisse zur Wehr setzen. Insbesondere weil der CDU-Bundeskanzler Kiesinger auf eine Stärkung der NATO als Voraussetzung für Brandts Entspannungspolitik pochte.[49] Dieser Forderung hielten Brandt und die SPD-Genossen das Argument entgegen, die Sowjetunion habe die Grenzen ihrer Einflusssphäre in Europa nicht überschritten.[50]

Versuche, sich gegen eine Zuspitzung des Kalten Krieges zu wenden, unternahm auch der VDS (Verband Deutscher Studen-

---

[47] Vgl. Kraushaar, W. (Hrsg.), Frankfurter Schule und Studentenbewegung. Von der Flaschenpost zum Molotowcocktail. 1946-1995. Band 1. Chronik. Hamburg 1998, S. 354.

[48] Vgl. „Wir werden uns nicht selbst entmannen". SPIEGEL-Gespräch mit Bundesaußenminister Willy Brandt. S. 32-34, in: DER SPIEGEL vom 9. September 1968, Nr. 37/1968, S. 32.

[49] Vgl. Kiesinger stößt bei der SPD auf Widerstand, in: *Frankfurter Rundschau* vom 19. September 1968, Nr. 218, S. 1.

[50] Vgl. Brandt: Dubcek wollte das gleiche wie die SPD, in: *Frankfurter Rundschau* vom 23. September 1968, Nr. 221, S. 1.

tenschaften). Von seiner Seite aus wurden Kontakte zur FDJ (Freie Deutsche Jugend) in der DDR geknüpft, um die Lage nach der Besetzung der ČSSR zu besprechen, die gegenseitigen Standpunkte zu erörtern und um eine kritisch-rationale Auseinandersetzung zu ermöglichen, wie es verlautete. Der VDS gab dazu eigens eine Presseinformation heraus. Die Wortwahl hatte jedoch nicht im Geringsten etwas mit der Deeskalationspolitik von Willy Brandt zu tun, sondern drohte Brandts Entspannungsanstrengungen zunichtezumachen. Die *Frankfurter Rundschau* schrieb dazu: *„Der VDS kritisierte in diesen Gesprächen die militärische Intervention als eine eklatante Verletzung der Grundsätze sozialistischer Außenpolitik und verglich derartige Praktiken mit der Machtpolitik der stalinistischen Ära.“*[51] Die APO und der SDS-Ideologe Christian Semler[52] gingen ihrerseits soweit und erregten sich über die Pseudo-Dubček-Fans aus Regierungskreisen: *„Diese Heuchler! In Wirklichkeit hüpft ihnen das Herz vor Freude über die Intervention.“*[53] Diese Einschätzung war nicht verwunderlich. Zumal ein Großteil aus dem konservativen Regierungslager offensichtlich eine gewisse Schadenfreude über die Besetzung der ČSSR empfand, nämlich darüber, dass Moskau nun endlich „die Maske vom Gesicht gerissen“ worden war, wie Franz-Josef Strauß einmal meinte.[54]

Aus der Perspektive des Jahres 2008 stellt der damalige verbale Umgang mit der Besetzung der ČSSR ein beschämendes Zeugnis für Deutschlands *68er* aus. Es gibt zahlreiche Dokumente, die belegen, in welchen Phrasen sich damalige Diskussionen im Zusammenhang mit der Okkupation bewegten. Teilweise kam es zu derart unwürdigen Beiträgen, die oftmals den Eindruck erweck-

---

[51] VDS spricht mit FDJ über Prag. (Studenten kritisieren „Stalin-Methoden“/Dokumentation angekündigt), in: *Frankfurter Rundschau* vom 14. September 1968, Nr. 214, S. 1.

[52] Christian Semler trat 1957 in die SPD ein, die er 1959 wieder verließ. Er war von 1966 - 1970 Beiratsmitglied des SDS und galt als eine führende Persönlichkeit der Studentenbewegung der 1960er Jahre. 1970 wurde er Mitbegründer der Maoistischen Kommunistischen Partei Deutschlands (Aufbauorganisation) und später deren Vorsitzender.

[53] APO. CSSR-Besetzung. Hüpfendes Herz. S. 30/31, in: DER SPIEGEL vom 2. September 1968, Nr. 36/1968, S. 31.

[54] Vgl. Augstein, R., Breschnews Tränen. S. 20/21, in: DER SPIEGEL vom 26. August 1968, Nr. 35/1968, S. 20.

ten, es handele sich nicht um das Schicksal der Tschechoslowaken, sondern um die eigene Profilierung. Eine Prager Studentin warf deshalb Fritz Teufel[55] und den anderen Diskutierenden zu Recht vor, blühende Reden zu halten und „Kindersandkastenspiele“ zu betreiben, ohne der bedrohten ČSSR-Bevölkerung wirklich zu helfen.[56] Die *Frankfurter Rundschau* vom 17. September 1968 schilderte eine Delegiertenkonferenz des SDS, der zwar die Liberalisierung positiv wertete und sich offiziell gegen den Einmarsch wendete, aber insbesondere durch die Kopflastigkeit des Sprachgebrauchs die Intervention zumindest in der verbalen Ausdrucksweise wieder relativierte. Ein gutes Beispiel dafür liefert das Arbeitspapier des SDS. In der ČSSR seien zwar *„ideologische Rudimente des Kapitalismus zu materieller Macht gediehen“*, gerade darin aber hätte der Keim für einen Umschlag gelegen. Und dadurch, argumentierte der SDS, *„produzierte die Politik eines friedlichen Rückfalls in den Kapitalismus in ihrer extremsten Konsequenz die Ansätze ihrer Negation.“*[57] Die Entwicklung in der ČSSR habe sich für Moskau als Alleingang eines Landes des Sowjetblocks dargestellt und dies sei für die Sowjetunion eben ein machtpolitisches Risiko gewesen. Dementsprechend sei dem „großen Bruder“ praktisch nichts anderes übrig geblieben, als mit den Mitteln der klassischen Machtpolitik zu antworten.[58] Gerade diese letzten Worte stellten nichts anderes als eine Schönfärberei der tatsächlichen totalitären Wirklichkeit dar, von dem, was sich 1968 in der ČSSR de facto ereignete.

Im Gegensatz dazu äußerte sich ein linker Philosoph und Schriftsteller wesentlich realistischer und unverblümt. Ernst Bloch[59]

---

[55] Fritz Teufel war einer der Begründer der *Kommune 1* und galt in den 1960er Jahren als Bürgerschreck. Teufel erregte vor allem durch bewusst provokante gegen die herrschenden Gesellschaftsbedingungen gerichtete Aktionen bundesweit Aufmerksamkeit.

[56] Vgl. Die Tschechen und Slowaken nicht allein lassen, in: *Süddeutsche Zeitung* vom 22. August 1968, Nr. 202, S. 17/18.

[57] Vgl. „Prag fiel in den Kapitalismus zurück“. (SDS wertet Liberalisierung positiv und wendet sich gegen Intervention), in: *Frankfurter Rundschau* vom 17. September 1968, Nr. 216, S. 4.

[58] Ebd.

[59] Der marxistische Philosoph und Schriftsteller Ernst Bloch trat bereits nach dem Ersten Weltkrieg der KPD bei. Er war Nationalpreisträger der DDR und Mitglied der Deutschen

wandte eine Sprache an, die als unzweideutiges Statement gegen den Einmarsch in die ČSSR zu werten war. In der Fernsehsendung *Panorama* sprach er Moskau die Führungsrolle bei der Entwicklung des Sozialismus ab und bezeichnete die Intervention wörtlich als *„... unbegreiflich ... saudumm ... unverschämt ... brutal."*[60]

Akademie der Wissenschaften zu Berlin. In Ostdeutschland avancierte er quasi zum Staatsphilosophen. Nach dem Bau der Mauer kehrte er von einer Reise aus Westdeutschland nicht mehr in die DDR zurück. Teile der *68er*-Bewegung beriefen sich auf seine Schriften.

[60] Vgl. Bloch bezeichnet CSSR-Invasion als „saudumm", in: *Frankfurter Rundschau* vom 11. September 1968, Nr. 211, S. 2.

Das veränderte Weltbild

Der Gewaltakt der Moskauer Führung stürzte nicht nur den Weltkommunismus generell, sondern auch den größten Teil der linken Studentenbewegungen in der alten BRD in eine tiefe Krise. Mit der gewalttätigen Zerschlagung des „Prager Frühlings" waren die letzten Hoffnungen auf einen dritten Weg, einem Weg zwischen dem kapitalistischen System und dem dogmatisch-kommunistischen System, verloren gegangen. Vielfach revidierten die Befürworter eines sowjetischen Sozialismus innerhalb der *68er*-Generation ihre Einstellung und brachten lauthals ihre Enttäuschung gegenüber der Sowjetunion zum Ausdruck: *„Am 21. August 1968 hat die europäische Linke ihre Solidarität, ihre Sympathie, ihre Dankbarkeit gegenüber der Sowjetunion als dem ersten sozialistischen Land, als dem Staat, der in Stalingrad den deutschen Faschismus besiegt hat, aufgegeben."*[61] Das Weltbild linker Studenten, die im Prager Reform-Kommunismus vereinzelt „konterrevolutionäre Züge" sahen,[62] und sich auf die Weise zu *„APO-logetikern"* der sowjetischen Intervention machten, verschwand ab September 1968 zunehmend. Laut Oskar Negt[63] war jeder dem Leninschen Prinzip der Kritik von links verpflichtete Sozialist gezwungen, seinen Protest gegen die Besetzung der Tschechoslowakei mit einer unmissverständlichen Distanzierung einzuleiten.[64] Der Gewaltakt der Intervention, dem eine für unmöglich gehaltene Solidarität der Landsleute von Alexander Dub-

---

[61] Meinhof, U. M., Der Schock muß aufgearbeitet werden. (Geschrieben am 21. August 1968 für das Prag-Flugblatt von »konkret«). S. 58-60, in: Weißenborn, N. (Hrsg.), »konkret extra«. Prag und die Linke. Hamburg 1968, S. 58.

[62] Vgl. APO. CSSR-Besetzung. Hüpfendes Herz. S. 30/31, in: DER SPIEGEL vom 2. September 1968, Nr. 36/1968, S. 31.

[63] Oskar Negt galt als einer der Wortführer der *68er*-Generation und beschäftigte sich mit der Beobachtung der gesellschaftlichen Entwicklung. Er studierte bei Max Horkheimer und Theodor W. Adorno und war danach Assistent von Jürgen Habermas. 1970 wurde Negt auf den Lehrstuhl für Soziologie der Universität Hannover berufen, an der er bis zu seiner Emeritierung 2002 lehrte.

[64] Vgl. Negt, O., Das Ende des Stalinismus. S. 25-32, in: Weißenborn, N. (Hrsg.), »konkret extra«. Prag und die Linke. Hamburg 1968, S. 25.

ček entgegenstand, musste für alle Gruppierungen der linken Studenten die ideologische Schwäche der Interventen entlarven. Vielfach war das Urteil der *68er* von großer Enttäuschung geprägt. Diese Enttäuschung versuchten einige Beschwichtiger oft mit dem Hinweis auf die Verbrechen des Westens regelrecht zu kompensieren, und zwar mit einer für das Jahr 1968 typisch linken Diktion: - *die moralische Position des Westens sei nämlich viel zu schwach gewesen. Man hätte nicht vergessen dürfen, was alles im Westen passiert sei - Algerien, Dominikanische Republik und nicht zuletzt Vietnam* - während sich die Sowjetunion als Militärmacht quasi friedlich verhalten habe.[65] Der prominenteste Sprecher der Pariser Mai-Revolution und APO-Aktivist Daniel Cohn-Bendit - „Dany le Rouge" - wird diesbezüglich im SPIEGEL vom 2. September 1968 folgendermaßen zitiert:[66] *„Kiesinger hat die Schnauze zu halten über das, was in der Tschechoslowakei passiert."*[67] Diese Aussage war ein typisches Merkmal für einige Teile der linken Studentenschaft; d.h., dass Gewalt je nach ideologischem Schlüssel verurteilt oder gutgeheißen wurde. Man engagierte sich für die demokratische Freiheit, gegen Notstandsgesetze und für Vietnam, aber im Zusammenhang mit der sowjetischen Intervention disqualifizierte sich diese APO häufig selbst.[68] Teilweise kam es zu abstrusen Äußerungen, die gleichzeitig unverhohlene Kritik am westlichen System zum Ausdruck bringen sollten. So hätte der Fall Tschechoslowakei konkret bedeutet: *„Weiterkämpfen im eigenen Land, das vom Prager Modell ebenso weit entfernt ist wie die ČSSR heute."*[69] Gleichsetzungen

[65] Telephon-Interview mit Heinrich Böll: Die Blamage der Sowjets. („Die Gesichter der Soldaten werden mich noch lange beschäftigen"), in: *Die Zeit* vom 30. August 1968, Nr. 35, S. 4.

[66] Anmerkung: diese kritische Äußerung muß vor dem Hintergrund der ehemaligen NSDAP-Mitgliedschaft des damaligen Bundeskanzlers Kurt Georg Kiesinger gesehen werden. In dessen Amtszeit (1966 - 1969) fiel die Einführung der Notstandsgesetze und die Hochzeit der APO. Vor allem die Studentenbewegung sah in Kiesinger ein Symbol unbewältigter Vergangenheit.

[67] APO. CSSR-Besetzung. Hüpfendes Herz. S. 30/31, in: DER SPIEGEL vom 2. September 1968, Nr. 36/1968, S. 31.

[68] Vgl. Neuhäusler, A., Zuschrift: „Naive" Bemerkungen zur CSSR-Frage. S. 1103, in: Bentele, H. u.a., Blätter für deutsche und internationale Politik. Oktober 1968, Heft 10, S. 1103.

[69] Die CSSR - eine Lektion, in: *Süddeutsche Zeitung* vom 23. August 1968, Nr. 203, S. 18.

zwischen den Vorkommnissen in Asien und Europa waren an der Tagesordnung, was sich in Sprüchen wie *„Amis raus aus Vietnam - Russen raus aus Prag"*[70] äußerte. Der Schock saß allerdings sehr tief und die Kritik an der Sowjetunion trat bisweilen offen zutage, wie aus einem Artikel von Ulrike Meinhof[71] hervorgeht, den sie für das Prag-Flugblatt von »konkret« schrieb: *„Die Betroffenheit ist total. Bis zu den Studentenunruhen der letzten zwei Jahre war die europäische Linke pro-sowjetisch. Sie war es nicht kritiklos, nicht ohne Vorbehalte, aber doch eindeutig genug, um sich jederzeit von bürgerlicher Kritik an der Sowjetunion absetzen zu können. [...] Der Schock muß aufgearbeitet werden."*[72]

In der Tat war es seit dem Einmarsch und den darauf folgenden Monaten zur brutalsten Form der Auslöschung von Souveränität und territorialer Integrität eines sozialistischen Landes gekommen, begangen von einem anderen sozialistischen Staat, was das Vorgehen umso verwerflicher machte. Damit stand die Sowjetunion nicht nur im Widerspruch zu allen Grundsätzen internationalen Rechts und der UNO-Charta, sondern genau genommen bestritt sie selbst die Hauptprinzipien der Zusammenarbeit zwischen den sozialistischen Ländern. Das war - für jedermann offensichtlich - mit der Grundlage des Marxismus-Leninismus und dem proletarischen Internationalismus unvereinbar.

---

[70] Sympathiekundgebung in Berlin, in: *Süddeutsche Zeitung* vom 23. August 1968, Nr. 203, S. 9.

[71] Ulrike Meinhof war 1958 für kurze Zeit Mitglied des AStA der Universität Münster. Im selben Jahr trat sie der seit 1956 vom Bundesverfassungsgericht verbotenen KPD bei. Von 1959 - 1969 arbeitete Meinhof für die linke Zeitschrift »konkret«, deren Chefredakteurin sie von 1960 - 1964 war. Als Gründungsmitglied und Führungsperson der RAF (Roten Armee Fraktion) verfasste sie später maßgeblich das ideologische Konzept der RAF.

[72] Meinhof, U. M., Der Schock muß aufgearbeitet werden. (Geschrieben am 21. August 1968 für das Prag-Flugblatt von »konkret«). S. 58-60, in: Weißenborn, N. (Hrsg.), »konkret extra«. Prag und die Linke. Hamburg 1968, S. 58/59.

Karikatur:

Leonid Breschnew mit dem moskautreuen
„Retter der Tschechoslowakei“ Gustav Husák

Nicht nur die *68er* in der alten BRD, sondern auch die *68er* in der DDR waren tief getroffen von den Ereignissen. Ein Bericht des MfS (Ministerium für Staatssicherheit) erfasste diese für den Bezirk Groß-Berlin im Zeitraum vom 21. August bis zum 8. September 1968 zahlenmäßig: *„An 389 Stellen in Berlin wurden insgesamt 3528 Flugblätter verbreitet und an 212 Stellen 271 Hetzlosungen geschmiert."*[73] Wie man heute weiß, hatte die Protestwelle in der ganzen DDR ein beträchtliches Ausmaß.[74] Vom 21. August bis zum 30. November 1968 wurde von den Rechtsorganen der DDR wegen Straftaten im Zusammenhang mit den Maßnahmen der verbündeten sozialistischen Staaten „zur Sicherung der sozialistischen Ordnung in der ČSSR" gegen insgesamt 1290 Personen ein Ermittlungsverfahren eingeleitet.[75] Die DDR-Sicherheitskräfte registrierten Flugblattaktionen, Protestdemonstrationen, Losungen an Häuserwänden und auf Straßen, sogar Sabotageakte gegen die NVA. Stefan Wolle schreibt von über tausend Inhaftierungen und weiteren etwa 1400 unaufgeklärten Straftaten staatsfeindlichen Charakters.[76] Besonders zwei Aspekte müssen die Führung in Ost-Berlin damals besonders beunruhigt haben: Einerseits waren die Demonstranten überwiegend junge Leute, andererseits waren viele von ihnen der DDR grundsätzlich wohlgesinnt. Das heißt, selbst SED-Mitgliedern missfiel die Niederwalzung des „Sozialismus mit menschlichem Antlitz", wie aus einem Parteiresümee hervorgeht: *„Nach der bisherigen Übersicht wurden 3358 Mitgliedern und Kandidaten in ca. 2500 Parteiorganisationen und Abteilungsparteiorganisationen (bewaffnete Organe einbezogen) wegen unklarer Auffassungen, schwankenden Verhaltens, parteischädigenden Auftretens und parteifeindlichen Handlungen Auseinandersetzungen geführt. Bisher wurden*

---

[73] BStU, MfS, Verwaltung Groß-Berlin, A 1140/2, Einzel-Information 56/58 vom 26. September 1968 über Einschätzung der schriftlichen Staatsfeindlichen Hetze im Zeitraum 21. August 1968 bis 08. September 1968, Bl. 1.

[74] Vgl. Wolle, Stefan, Der Traum von der Revolte. Die DDR 1968. Berlin 2008, S. 160 ff.

[75] Vgl. BStU, MfS, HA IX, 2670, Statistische Übersicht über den Gesamtanfall an Ermittlungsverfahren wegen Straftaten im Zusammenhang mit den Maßnahmen der verbündeten sozialistischen Staaten zur Sicherung der sozialistischen Ordnung in der ČSSR vom 2. Dezember 1978.

[76] Vgl. Wolle, Stefan, Der Traum von der Revolte. Die DDR 1968. Berlin 2008, S. 173.

522 Parteistrafen beschlossen. Davon 223 Ausschlüsse, 55 Streichungen, 109 strenge Rügen und 135 Rügen. 297 Mitglieder und Kandidaten erhielten Verwarnungen und Missbilligungen. Bei 2017 Genossen wurden die politisch-ideologischen Aussprachen und Klärungen in den Parteiorganisationen ohne parteierzieherische Maßnahmen abgeschlossen."[77]

Protest-Slogan in der DDR (1968)[78]

[77] SAPMO-BArch, DY 30, IV, A 2/4/5, Information vom 12. Dezember 1968 über Auseinandersetzungen mit Mitgliedern und Kandidaten der Partei, die im Zusammenhang mit den militärischen Hilfsmaßnahmen der fünf sozialistischen Länder vom 21. 8. 1968 durchgeführt wurden, Bl. 1 f.

[78] Vgl. Revolten. „Das ist kein Spaß", in: DER SPIEGEL vom 20. März 2008, Nr. 11/2008, S. 165.

Resümee

Der „Prager Frühling" endete in einem „Prager Herbst", indem die sowjetische Führung dem tschechoslowakischen Volk kein anderes Argument als die Waffe lieferte.

Bild im Černínský-Palast (Prag):

Ministerpräsident Kossygin (UdSSR) und Ministerpräsident Černik (ČSSR) nach der Unterzeichnung des Vertrages über die Stationierung sowjetischer Truppen auf tschechoslowakischem Territorium im Oktober 1968.

Mit Gustav Husáks[79] Machtübernahme wurden in der Folgezeit alle Anhänger und Sympathisanten des „Prager Frühlings“ aus ihren Ämtern entfernt. Breschnews Taktik der Zersetzung hatte innerhalb der tschechoslowakischen Führungsspitze Erfolg. Nur ein Teil der damaligen Reformer unterstützte Dubček, der auf Drängen der moskautreuen Dogmatiker als Erster Sekretär der KPČ am 17. April 1969 abgewählt und am 25. Mai 1970 aus der Partei ausgeschlossen wurde. Der andere Teil wechselte als Erfüllungsgehilfe des Kremls die Seite und machte die Errungenschaften des „Prager Frühlings“ rückgängig. Die Wiedereinführung der Pressezensur durch ein entsprechendes Gesetz am 13. September 1968 setzte dafür ein deutliches Zeichen.[80] Damit war nicht nur für die Tschechoslowaken die Idee von der Reformierbarkeit des Sozialismus gescheitert, sondern in der gesamten sozialistischen Welt setzte ein Prozess der Desillusionierung ein. Generell bedeutete das gewaltsame Ende des „Prager Frühlings“ für die meisten Regimekritiker in West und Ost die Unreformierbarkeit kommunistischer Regime. Der Kommunismus, der einst im Namen von Karl Marx ausgezogen war, die Menschheit und die Völker zu befreien, war auf die primitive Stufe des blanken Imperialismus aus dem 19. Jahrhundert herabgesunken. So war es nicht verwunderlich, dass die Kreml-Führung unter Breschnew im weitaus größten Teil der westdeutschen Linken ihre bis dahin noch verbliebene Autorität restlos einbüßte: *„... in der ČSSR hat die Sowjetunion den defensiven Charakter ihrer Politik enthüllt und damit langfristig jede revolutionäre Perspektive aufgegeben.“*[81]

Wenn man die Reaktionen einiger linken Studenten aus einer gewissen Distanz beurteilt, wird man konstatieren, dass mit dem

[79] Gustav Husák arbeitete bis 1968 am Institut für Staat und Recht der Akademie der Wissenschaften und wurde im April 1968 stellvertretender Regierungschef. Er beteiligte sich aktiv am „Prager Frühling“ und wurde Ende August 1968 Erster Sekretär des Zentralkomitees der Kommunistischen Partei der Slowakei. Nach Dubčeks Absetzung wählte man Husák im April 1969 zum Ersten Sekretär des Zentralkomitees der KPČ.

[80] Vgl. Wenzke, R., Prager Frühling - Prager Herbst. Zur Intervention der Warschauer-Pakt-Streitkräfte in der CSSR 1968. Fakten und Zusammenhänge. Berlin 1990, S. 46.

[81] Häußermann, H./Kadritzke, N./Kadritzke, U., Wer ist hier eigentlich konterrevolutionär? S. 897-905, in: Bentele, H. u.a., Blätter für deutsche und internationale Politik. September 1968, Heft 9, S. 897.

ramponierten Image von Moskau gewissermaßen auch eine moralische Niederlage für einige von ihnen verbunden war. Nicht alle hatten die Sowjetunion als Gallionsfigur auf ihre Fahnen geheftet. Diejenigen aber, die das taten, deren idealistisches Bild vom sowjetischen Sozialismus musste bei realer Betrachtungsweise nun zerstört sein. Für diesen Teil des linken Spektrums war damit natürlich auch eine gewisse politische Lethargie verbunden. Denn was das typische Feindbild für die Mehrheit der *68er* betraf, so konnten sie spätestens seit der Intervention nicht mehr ungestraft vom „bösen Imperialisten" aus Washington reden, ohne nicht auch gleichzeitig auf den „Aggressor" aus Moskau aufmerksam gemacht zu werden.
Abschließend stellt sich die Frage, was wäre gewesen, wenn der Westen nicht so, wie geschehen, reagiert hätte. Hätten sich die Okkupanten von einem schärferen Westkurs zugunsten des tschechoslowakischen Volkes von ihrer Politik der Einmischung abbringen lassen? Wohl kaum! Dafür stand für die Sowjetunion zu viel auf dem Spiel. Den Versuch, die ČSSR später eventuell aus dem Warschauer Pakt herauszubrechen und dadurch den Status quo in Europa zu ihren Ungunsten zu verändern, hätte die Großmacht UdSSR zu diesem Zeitpunkt sicherlich niemals zugelassen. In einem Land, in dem der Sozialismus den Sieg errang, sollte laut Breschnews Doktrin nie wieder eine kapitalistische Ordnung herrschen.[82] Für den Sowjetführer galt es, *„eine unüberwindbare Barriere zu errichten gegen den neuen »Drang nach Osten« und damit der Welt erneut zu zeigen, dass es niemandem gelingen wird, die Nachkriegsgrenzen zu revidieren, die ein Ergebnis des gerechten und aufopferungsvollen Kampfes der Söhne vieler Völ-*

[82] Die so genannte Breschnew-Doktrin bedeutete: *„[...] wenn innere und äußere, dem Sozialismus feindliche Kräfte die Entwicklung eines sozialistischen Landes zu wenden und auf eine Wiederherstellung der kapitalistischen Zustände zu drängen versuchen, wenn also eine ernste Gefahr für die Sache des Sozialismus in diesem Lande, eine Gefahr für die Sicherheit der ganzen sozialistischen Gemeinschaft entsteht - dann wird das nicht nur zu einem Problem für das Volk dieses Landes, sondern auch zu einem gemeinsamen Problem, zu einem Gegenstand der Sorge aller sozialistischen Länder."* In: Meissner, B., Die „Breshnew-Doktrin". Das Prinzip des „proletarisch-sozialistischen Internationalismus" und die Theorie von den „verschiedenen Wegen zum Sozialismus". Köln 1969, S. 74.

ker gegen den Faschismus sind."[83] Auf diese Worte bezogen war Willy Brandts Politik des Abwartens und des Sich-Nichteinmischens auf lange Sicht die beste Methode, um mit den gegebenen Umständen fertig zu werden. Und dass die Reaktionen der westdeutschen *68er* in der damaligen Situation eine zu vernachlässigende Größe darstellten, liegt klar auf der Hand. Der politische Einfluss der *68er* war selbst innenpolitisch nie über die der Außerparlamentarischen Opposition hinausgegangen. Noch weniger hätte die westdeutsche Linke eine wichtige Rolle als Entscheidungsträger im internationalen Handlungsrahmen spielen können.

Was die Reaktionen auf den Einmarsch betraf, so musste sich die tschechoslowakische Bevölkerung geradezu verraten vorgekommen sein. Zum einen von den fünf sozialistischen „Brüdern", zum anderen vom Westen, der mit der Sowjetunion mehr oder weniger ein stillschweigendes Agreement geschlossen hatte. Linksextreme Vertreter in Deutschland konterten diesen Vorwurf und warfen der Tschechoslowakei sogar mangelnde Solidarität vor. Man führte fadenscheinige Gründe an, warum Prag trotz zahlreicher Anteilsbekundungen in der Praxis seit dem 21. August in internationaler Einsamkeit verharren musste: *„Die Frage muß aufgeworfen werden, ob die internationale Einsamkeit der ČSSR ..., nicht etwas damit zu tun hat, dass sie ihre partielle Trennung von der Sowjetunion ohne Internationalität vollzogen hat, ohne ein Wort mehr als zuvor gegen den Krieg in Vietnam, ohne Engagement in der Dritten Welt theoretisch - ihrerseits unsolidarisch."*[84] Jiří Pelikán hält dagegen und macht diesbezüglich den westlichen Linken deutliche Vorwürfe.[85] Man hätte der tschechoslowakischen Opposition von Anfang an nicht die Anerkennung entgegenge-

[83] Pressegruppe sowjetischer Journalisten (Hrsg.), Zu den Ereignissen in der Tschechoslowakei. Tatsachen, Dokumente, Presse- und Augenzeugenberichte. Erste Folge. Moskau 1968, S. 155.

[84] Meinhof, U. M., Der Schock muß aufgearbeitet werden. (Geschrieben am 21. August 1968 für das Prag-Flugblatt von »konkret«). S. 58-60, in: Weißenborn, N. (Hrsg.), »konkret extra«. Prag und die Linke. Hamburg 1968, S. 59.

[85] Vgl. Pelikán, J., Internationale Arbeiterbewegung, „Prager Frühling" und weitere Reformversuche am sowjetischen Gesellschaftsmodell. S. 233-272, in: Mlynář, Z. (Hrsg.), Der „Prager Frühling". Ein wissenschaftliches Symposium. Köln 1983, S. 259.

bracht, deren sich die Opposition aus totalitären Regimen anderen Typs erfreute. Im Unterschied zum Protest gegen den US-Krieg gegen Vietnam war die Solidarisierung mit dem „Prager Frühling" nur wenige Wochen ein Dauerthema. Diese These wird von Ulrike Meinhofs Prag-Flugblatt gewissermaßen bestätigt. Die moralische Verurteilung spielte im Fall der Tschechoslowakei manchmal sogar nur eine untergeordnete Rolle, um nicht zu sagen eine Geringschätzung in der moralischen Beurteilung (*„Die Rationalität des sowjetischen Verhaltens ist schwer ausmachbar; dass es moralisch zu verurteilen ist, besagt wenig."*[86] - Ulrike Meinhof). Verglichen mit den Protesten gegen das Vorgehen der USA hinkte das *„APO-kalyptische"* Protestgewitter unter den *68ern* im Fall der ČSSR demnach deutlich hinterher. Und das Versagen der Masse aller westlichen Linken sei laut Pelikán mitunter ein Grund gewesen, dass nach Beendigung des „Prager Frühlings" der generelle Einfluss der Linken innerhalb der Bewegung für Bürgerrechte in der Tschechoslowakei geringer wurde. Als Folge davon seien die ehemals führenden Köpfe von 1968 (Alexander Dubček, Zdeněk Mlynář, Ota Šik, Josef Smrkovský, Radovan Richta o.a.) während der „Samtenen Revolution" im Jahr 1989 kaum mehr als sozialistische Reformer zum Zug gekommen.

Bei aller Schuldzuweisung an die Linken in der Bundesrepublik Deutschland und der sonstigen westlichen Hemisphäre darf man jedoch nicht vergessen, dass die sowjetische Führung der Hauptentscheidungsträger der Ereignisse von 1968 gewesen war. Die sowjetischen Führer handelten in gewisser Weise sogar konsequent, denn der Druck des „Prager Frühlings" drängte immer mehr in ein liberales Mehrparteiensystem, in dem der Führungsanspruch der kommunistischen Partei wohl kaum mehr behauptet hätte werden können. Und was wäre dann vom Kommunismus nach Moskauer Ausrichtung noch übriggeblieben?

---

[86] Meinhof, U. M., Der Schock muß aufgearbeitet werden. (Geschrieben am 21. August 1968 für das Prag-Flugblatt von »konkret«). S. 58-60, in: Weißenborn, N. (Hrsg.), »konkret extra«. Prag und die Linke. Hamburg 1968, S. 60.

Anhang

Quellen des MfS
(Ministerium für Staatssicherheit)

I n f o r m a t i o n

über Auseinandersetzungen mit Mitgliedern und Kandidaten der Partei, die im Zusammenhang mit den militärischen Hilfsmaßnahmen der fünf sozialistischen Länder vom 21.8.1968 durchgeführt wurden.

Die Information wurde aus Berichten der Bezirksparteikontrollkommissionen und Kreisparteikontrollkommissionen erarbeitet.

In den Tagen nach dem 21.8.1968 hat sich die Festigkeit und politische Reife der Partei erneut sichtbar dokumentiert.
Die Mitglieder und Kandidaten gaben bis auf wenige Ausnahmen zu den eingeleiteten Maßnahmen ihre volle Zustimmung. Sie zeigten eine hohe Aktivität und Einsatzbereitschaft, die in Verpflichtungen zur weiteren Stärkung der DDR, in der Agitationsarbeit unter den Parteilosen und der Gewinnung der Besten für die Partei Ausdruck fand.
Die Mehrzahl der Parteiorganisationen reagierte selbständig und verstärkte die klassenmäßige Erziehung zum proletarischen Internationalismus, zur revolutionären Wachsamkeit und zur weiteren Vertiefung der Freundschaft und des Vertrauensverhältnisses zur Sowjetunion. In diesem Entwicklungsprozeß gab es eine Reihe von Auseinandersetzungen über das der Parteilinie widersprechende Verhalten von Mitgliedern und Kandidaten.

Übersicht über die bisher erfolgten Auseinandersetzungen

Nach der bisherigen Übersicht wurden mit 3 358 Mitgliedern und Kandidaten in ca 2 500 Parteiorganisationen und Abteilungsparteiorganisationen (bewaffnete Organe einbezogen) wegen unklaren Auffassungen, schwankenden Verhaltens, parteischädigenden Auftretens und parteifeindlichen Handlungen Auseinandersetzungen geführt.

Bisher wurden 522 Parteistrafen beschlossen. Davon 223 Ausschlüsse, 55 Streichungen, 109 strenge Rügen und 135 Rügen. 297 Mitglieder und Kandidaten erhielten Verwarnungen und Mißbilligungen.

Bei 2 017 Genossen wurden die politisch-ideologischen Aussprachen und Klärungen in den Parteiorganisationen ohne parteierzieherische Maßnahmen abgeschlossen.

Von 2 883 Auseinandersetzungen liegen genaue Angaben über die Tätigkeit der betreffenden Parteimitglieder vor.
Dabei handelt es sich um

17 Funktionäre des Parteiapparates der Kreisebene
107 Funktionäre des Staats- und Wirtschaftsapparates
32 Funktionäre aus den Massenorganisationen
1148 Arbeiter
367 Mitglieder von LPG
327 Angestellte (einbezogen auch Meister der volkseigenen Industrie)
234 NVA
13 MdI
2 MfS
97 VPKA/BdVP
} 346 Angehörige der bewaffneten Organe
132 Angehörige der pädagogischen Intelligenz
216 Angehörige der technischen Intelligenz
28 Angehörige der medizinischen Intelligenz
23 Wissenschaftler
26 Künstler
17 Studenten
73 Rentner und Hausfrauen
24 Mitglieder von PGH und Gewerbetreibenden/Kommissionshändler

101 Genossen bekleiden Wahlfunktionen als ehrenamtliche Parteisekretäre bzw. als Leitungsmitglieder in Parteiorganisationen. Darunter sind 2 Bezirksleitungs- und 1 Kreisleitungsmitglied.

Der geführte politisch-ideologische Festigungsprozeß in den Grundorganisationen hatte einen großen erzieherischen Wert. Er trug wesentlich zur Klärung politischer Grundfragen bei. Dort, wo die Auseinandersetzungen sofort und prinzipiell einsetzten, wurde die gesamte politisch-ideologische Tätigkeit der Grundorganisationen aktiviert, das Verhältnis der Genossen untereinander und zu den Parteilosen weiter gefestigt.
So gab es in der Parteiorganisation der Wismut Auseinandersetzungen mit 82 Mitgliedern in 29 Parteiorganisationen, an denen ca 8 300 Mitglieder und Kandidaten teilnahmen; 1 000 sprachen in den Diskussionen zu den Problemen und unterstrichen ihr tiefes Vertrauensverhältnis zur Politik der Parteiführung.
Im Kombinat Schwarze Pumpe stellten 23 meist jugendliche Arbeiter den Antrag auf Aufnahme in die Partei.
Ähnliche Beispiele gibt es auch aus anderen Parteiorganisationen.

<u>Charakterisierung des parteischädigenden und parteifeindlichen Verhaltens von Mitgliedern und Kandidaten und einiger damit verbundener typischer Erscheinungen.</u>

Die Auseinandersetzungen in den Parteileitungen und Parteiorganisationen befaßten sich in der Regel nicht nur mit dem unmittelbaren Verhalten der Betreffenden in den Tagen nach dem 21.8.1968 sondern mit ihrem gesamten Verhältnis zur Partei.
Sie machten folgendes sichtbar:

Bei einem Teil der betreffenden Genossen gab es Unklarheiten in Grundfragen unserer Politik und Unverständnis gegenüber komplizierten Prozessen der Entwicklung.
Die Unklarheiten bestehen vor allem über

- die Rolle der Sowjetunion im sozialistischen Weltsystem, die internationale Verantwortung der Sowjetunion beim Aufbau des Sozialismus und Kommunismus und im Kampf um die Erhaltung des Friedens;

- die objektiven Erfordernisse zur Festigung und weiteren Stärkung des sozialistischen Weltsystems;

- die Bedeutung und weitere Stärkung der DDR und die erhöhte Verantwortung der Parteimitglieder bei der Gestaltung des entwickelten gesellschaftlichen Systems;
- die Rolle der Partei und der Arbeiterklasse beim Aufbau des Sozialismus;
- die Gefährlichkeit und Aggressivität des USA- und des westdeutschen Imperialismus und die Methoden des Eindringens in sozialistische Länder.

Revisionistische Auffassungen wurden besonders sichtbar

- in der Verfälschung des Charakters einer marxistisch-leninistischen Kampfpartei,
- in der Ablehnung des demokratischen Zentralismus,
- in der Propagierung der sozialdemokratischen Losung vom "demokratischen Sozialismus",
- in der Forderung nach bürgerlichen Freiheiten und anderen Forderungen, wie sie in der CSSR auftraten und von westlichen Sendern verbreitet wurden.

Einige Mitglieder traten mit direkt feindlichen Argumenten und feindlichen Handlungen auf.
Diese feindlichen Argumente und Handlungen waren im wesentlichen:

- Antisowjethetze, besonders Hetze gegen die führende Rolle der KPdSU und gegen die Sowjetarmee;
- Angriffe auf die führende Rolle der SED und auf den Staatsapparat der DDR sowie Hetze und Verleumdung gegen leitende Funktionäre;
- Anfertigung, Verbreitung und Anbringung von Flugblättern und Losungen, die sich gegen die Hilfsmaßnahmen richteten;
- Beteiligung an Unterschriftenaktionen gegen die militärischen Hilfsmaßnahmen der fünf sozialistischen Länder.

Insgesamt kann eingeschätzt werden, daß sich bei der Mehrheit der Mitglieder und Kandidaten, die parteilich zur Verantwortung gezogen wurden, ihr Verhältnis zur Partei schon über längere Ze[illegible]

gelockert hatte. (Inaktivität, unregelmäßige Teilnahme am Parteileben usw.) ohne daß diese Signale zum Anlaß einer verstärkten erzieherischen Arbeit und parteilichen Klärung genommen worden.
Wie aus der Anlage ersichtlich ist, gibt es dabei zwischen den Bezirken Unterschiede.
Ein Teil dieser Genossen nutzte in vielfältigster Weise unsere sozialistischen Errungenschaften für ihre persönlichen Vorteile aus. Bei ihnen zeigten sich egoistische und spießbürgerliche Verhaltensweisen. Einige überbetonten ihre fachliche Qualifizierung, lehnten den Besuch von Parteischulen ab oder umgingen die gesellschaftliche Arbeit.
Im Kreis Weißwasser wurden in diesem Zusammenhang mit 1 100 Genossen, das sind 25 % der Kreisparteiorganisation, Gespräche geführt, weil es Kritiken an ihrer Inaktivität und mangelnden Mitarbeit gab.

Dem Lebensalter nach sind ca 50 % der Mitglieder, mit denen Auseinandersetzungen erfolgten, bis 30 Jahre alt.
Dem Parteialter nach handelt es sich in der Mehrzahl um Mitglieder, die bis zu 10 Jahren der Partei angehören.

Mit einem großen Teil der jetzt ausgeschlossenen oder mit einer anderen Parteistrafe zur Verantwortung gezogenen Parteimitglieder mußte sich die Partei bereits in der Vergangenheit wegen ernster Schwankungen und unparteimäßigen Verhaltens auseinandersetzen.
So befinden sich im Bezirk Dresden unter den parteimäßig zur Verantwortung gezogenen Genossen allein 13, die bereits 1953, 1956 oder 1961 in jeweils zugespitzten Situationen des Kampfes parteimäßig zur Verantwortung gezogen werden mußten.
In der Parteiorganisation der Wismut gab es mit den 6 wegen feindlichen Verhaltens aus der Partei ausgeschlossenen Parteimitglieder bereits in der Vergangenheit wiederholt parteimäßige Auseinandersetzungen. 3 davon erhielten wegen parteischädigenden Verhaltens bereits früher Parteistrafen.
In der Berliner Parteiorganisation mußten von den 22 jetzt aus der Partei entfernten Mitglieder 9 wegen ihres feindlichen Ver-

haltens inhaftiert werden. 12 Mitglieder erklärten ihren Austritt aus der Partei, weil sie mit den Maßnahmen vom 21.8.1968 und der Politik der Partei nicht einverstanden sind.
Der hauptamtliche Parteisekretär des Teerwerkes Erkner, der 1953 wegen provokatorischen Auftretens am 17. 6. eine strenge Rüge erhielt, kam der wiederholten Aufforderung seiner Parteiorganisation, nach dem 21.8.1968 seinen Urlaub in der CSSR zu unterbrechen und in den Betrieb zurückzukehren, nicht nach, weil er die Notwendigkeit nicht anerkannte.

Bei den Genossen, mit denen sich die Parteiorganisationen nach dem 21.8.1968 auseinandersetzten, war westlicher Einfluß spürbar. Eine Reihe der schwankenden oder feindlich aufgetretenen Mitglieder kommt selbst aus der CSSR bzw. hatte in den letzten Jahren enge Verbindungen zu Bürgern in der CSSR aufgenommen und war politisch negativen Einflüssen unterlegen.

Die geführten Gespräche in den Parteiorganisationen mit den Genossen, gegen die keine parteierzieherischen Maßnahmen ausgesprochen wurden, zeigten, daß ihr marxistisch-leninistisches Wissen über Fragen der Strategie und Taktik unserer Partei Lücken aufwies.
Zum Teil erhielten sie aber auch eine unzureichende Information von ihren Parteileitungen aus den Materialien, die vom Zentralkomitee im Zusammenhang mit den Ereignissen in der CSSR herausgegeben wurden. Darin liegt mit eine Ursache für ihre spontanen Äußerungen und subjektiven Ansichten zu den Ereignissen in der CSSR.

Mit den Produktionsarbeitern verlief der Klärungsprozeß in den Parteiorganisationen in der Mehrzahl mit dem Ergebnis, daß sie ihre falschen Ansichten erkannten und eine politisch richtige Stellung bezogen.
Dieses Ergebnis wurde bei Ingenieuren, Wissenschaftlern, der pädagogischen, medizinischen und künstlerischen Intelligenz in der Regel schwerer erreicht.

In Parteiorganisationen der Forschung, Entwicklung und Projektierung, von kulturellen Einrichtungen, Hochschulen, des Gesundheitswesens und von Betrieben mit staatlicher Beteiligung und privaten Betrieben gab es insofern Schwerpunkte, daß mehrere Mitglieder schwankten oder negativ auftraten. Ihrem negativen oder passiven und feigen Verhalten wurde in diesen Grundorganisationen nicht immer konsequent entgegengetreten.
Es gibt Beispiele, wo das politisch falsche und feindliche Verhalten von Mitgliedern verniedlicht wurde oder der Parteisekretär im persönlichen Gespräch die Klärung versuchte. Dadurch konnten diese oder andere negative Kräfte zeitweilig auch Einfluß erhalten. In einigen Parteiorganisationen verzögerte sich der Klärungsprozeß bis jetzt. Darunter sind solche Grundorganisationen, die seit Jahren als Schwerpunkte von den Kreisleitungen eingeschätzt wurden.

Die Mitglieder und Kandidaten der Parteiorganisationen in den bewaffneten Organen erfüllten ihre dienstlichen und militärischen Aufgaben mit hoher politischer Standhaftigkeit und Entschlossenheit. Die Politorgane und Parteiorganisationen leisteten in dieser Periode eine intensive politisch-ideologische Erziehungsarbeit. Sie reagierten sofort auf schwankendes, parteischädigendes und feindliches Verhalten und führten prinzipielle erzieherische Auseinandersetzungen. In diesem Klärungsprozeß wurden in Parteiorganisationen der NVA 20 Mitglieder ausgeschlossen. 12 der Ausgeschlossenen hatten den Dienstgrad Unteroffizier und 8 waren Offiziere, darunter 2 Polit-Offiziere.
Unter den mit einer anderen Parteistrafe zur Verantwortung gezogenen Genossen befindon sich 18 Kandidaten sowie 45 Mitglieder mit einem Parteialter bis 5 Jahre und 34 Mitglieder mit einem Parteialter über 5 Jahre.
Den Schwerpunkt der bestraften Mitglieder bilden Offiziere bis zum Dienstgrad Hauptmann. Dabei tritt in Erscheinung, daß sich eine erhebliche Zahl von Offizieren der Stäbe und Stabseinheiten darunter befinden, die z. T. in relativ selbständigen Bereichen tätig sind. Die Parteierziehungsarbeit in diesen Parteiorganisationen muß durch die Politorgane verstärkt werden.

Die Kreisleitungen der Partei entwickelten im Zusammenhang mit den militärischen Hilfsmaßnahmen sofort eine gute Initiative und gaben ihren Grundorganisationen eine richtige Orientierung. Sie leisteten eine umfangreiche erzieherische Arbeit.
In der Führungstätigkeit einiger Kreisleitungen gegenüber Parteiorganisationen gab es jedoch noch Mängel im schnellen Reagieren auf ungesunde Erscheinungen in den Parteiorganisationen des Kreises und ihrer klassenmäßigen Einschätzung.
In Parteiorganisationen von Kreisleitungen fanden erzieherische Auseinandersetzungen mit Genossen statt, die in ihren Arbeitsbereichen bei der klassenmäßigen Klärung in den Grundorganisationen formal und oberflächlich arbeiteten.
Diese Verbindung der Erziehungsarbeit mit den konkreten Aufgaben der Mitarbeiter des Parteiapparates ist jedoch noch nicht überall genügend entwickelt. Die Parteiorganisationen in den Apparaten der Kreisleitungen müßten vor allem noch stärker bei der Herausbildung eines hohen Verantwortungsbewußtseins mitarbeiten und noch vorhandene Erscheinungen eines formalen oder routinemäßigen Beurteilens von Verhaltensweisen bei Mitgliedern, Parteileitungen und Parteiorganisationen konsequenter überwinden helfen.
Die Erfahrungen aus den Auseinandersetzungen deuten daraufhin, daß einige Kreisleitungen der analytischen Arbeit zur Erreichung einer umfassenden und ständigen Übersicht über den innerparteilichen Entwicklungsprozeß aller Parteiorganisationen im Kreis noch mehr Beachtung schenken sollten.

Schlußbemerkungen

1.) Die Berichte der Parteikontrollkommissionen wurden in den Kreisen und Bezirken in verschiedenen Formen, zumeist in Sekretariatssitzungen, ausgewertet und besonders hinsichtlich der klassenmäßigen Erziehung der Parteimitglieder und der weiteren Stärkung Schlussfolgerungen gezogen.

2.) Die Erarbeitung der analytischen Übersicht über das Verhalten von Mitgliedern und Kandidaten in den Tagen und Wochen nach dem 21.8.1968 ist von den Parteikontrollkommissionen weiter zu vervollständigen, um die klassenmäßige Erziehung der Mitglieder und Kandidaten in den Parteiorganisationen noch konkreter zu unterstützen.

3.) Die Erfahrungen aus den bisher vorliegenden 3 358 Auseinandersetzungen unterstreichen die Notwendigkeit, daß die Parteikontrollkommissionen den Prozeß der klassenmäßigen Erziehung in den Grundorganisationen noch wirksamer unterstützen. Bei der Beurteilung eines Genossen ist dabei sein Gesamtverhalten zu berücksichtigen, alle Zusammenhänge gründlich aufzudecken und die Rolle der Grundorganisation im bisherigen Erziehungsprozeß zu beachten.

Berlin, den 12. 12. 1968
Pr/Gl/Dr/Si/Ot

Anlage 1: Zahlenmäßige Übersicht üb. durchgeführte Parteierziehun raßnahmen

Bezirk	Auseinandersetzungen mit Genossen	Parteistrafen insgesamt	davon Ausschl.	davon Streichg.	strenge Rüge	Rüge	Verwarnung	Mißbilligung
Berlin	61	29	16	6	3	4	2	6
Cottbus	2o2	58	3o	2	12	14	1o	33
Dresden	263	34	18	6	3	7	1	4
Erfurt	186	28	13	4	5	6	3	4
Frankfurt	15o	13	9	-	3	1	-	-
Gera	3oo	22	1o	7	3	2	2	2
Halle	362	34	12	2	9	11	5	7
KMStadt	175	43	27	11	5	-	4	2
Leipzig	32o	16	4	4	5	3	17	16
Magdeburg	213	21	9	-	3	9	9	14
Neubrandenbg.	141	15	9	-	2	4	3	4
Potsdam	27o	33	13	6	8	6	5	-
Rostock	174	35	15	-	7	13	-	-
Schwerin	1o6	16	6	1	4	5	-	3
Suhl	1o2	13	6	-	1	6	1	3
Wismut	82	15	6	-	3	6	2	1
Insgesamt:	31o9	428	2o3	49	76	97	64	99

Bewaffnete Organe:

	Auseinandersetzungen mit Genossen	Parteistrafen insges.	davon Ausschl.	davon Streichg.	strenge Rüge	Rüge	Verwarnung	Mißbilligung
N V A	234	94	2o	5	32	37	82	52
M d I	13	2	-	1	1	-	-	-
M f S	2	1	-	-	-	1	-	-
insgesamt:	249	97	2o	6	33	38	82	52

Die dienstgradmäßige Zusammensetzung der parteilich bestraften Mitglieder und Kandidaten:

	Zivil. Angest.	Soldaten	Uffz.	Offz.-Schüler	Offz. bis Hptm.	ab Major
N V A	3	8	23	7	45	8
M d I	-	-	1	-	-	1
M f S	-	-	1	-	-	-
Insgesamt:	3	6	25	7	45	9
			32		54	

Anlage 2: Übersicht nach der beruflichen und funktionsmäß. Tätigkeit

	Funktionäre des Parteiapparates	Funktionäre des Staats- u. Wirtschaftsapparates	Funktionäre Massenorganisationen	Angeh. bew. Organe (Bezirke)	Arbeiter	LPG	Angestellte	Pädagogen	techn. Intelligenz	med. Intelligenz	Wissenschaftler	Studenten	Künstler	Gewerbetreibende Komm.-Händler	Rentner/ Hausfrauen	Parteisekretäre/ Leitungsmitglieder	Mitglieder Bezirksleitungen	Mitglieder Kreisleitungen	Schwerpunkt im Lebensalter	Schwerpunkt im Parteialter
Berlin	5	8	-	11	9	-	6	2	3	5	5	-	6	-	1	8	-	-	30-40	1 - 10
Cottbus	4	-	-	5	96	15	22	-	17	-	-	-	-	4	10	-	-	-	-30	1 - 10
Dresden	-	6	3	3	115	21	30	23	25	1	8	7	2	5	14	42	-	-	30-40	1 - 10
Erfurt	-	10	-	10	81	14	21	11	23	-	-	-	7	-	9	25	-	-	-40	1 - 10
Frankfurt	1	-	-	-	60	39	11	11	18	3	-	-	-	-	8	-	-	-	--	----
Gera	-	32	3	2	77	3	11	7	-	-	-	-	-	-	4	-	-	-	30-40	1 - 10
Halle	-	-	-	1	198	27	38	22	46	7	-	3	3	4	13	-	-	-	-30	1 - 10
KMStadt	[illegible]	-	3	-	96	4	40	10	10	1	-	-	2	-	3	-	-	-	-30	- 10
Leipzig	-	36	9	57.	79	28	30	17	-	2	7	6	5	-	4	-	-	-	20-30	- 10
Magdeburg	-	-	-	-	-	-	-	1	1	-	-	-	-	-	-	-	-	-	30-40	2 - 5
Neubrandbg.	-	-	-	-	34	53	41	-	11	-	-	-	-	2	-	-	-	-	--	----
Potsdam	-	-	-	-	106	77	-	-	46	-	-	-	-	-	-	-	-	-	30-40	- 10
Rostock	-	-	13	3	47	45	34	14	14	4	2	1	1	3	3	-	2	1	--	- 10
Schwerin	1	2	1	3	39	38	12	7	-	-	1	-	-	1	3	16	-	-	30-40	- 10
Suhl	4	10	-	2	47	3	18	6	2	4	-	-	-	5	1	7	-	-	40-50	10 - 20
Wismut	-	3	-	-	64	-	13	1	-	1	-	-	-	-	-	-	-	-	30-40	----
Gesamt	17	107	32	97	1148	367	327	132	216	28	23	17	26	24	73	98	2	1		

MINISTERIUM FÜR STAATSSICHERHEIT BStU 0001

Verwaltung Groß-Berlin

Berlin, den 26. Sept. 1968

Streng vertraulich!
Um Rückgabe wird gebeten!

Gefertigt .... Exempl.

.... Blatt

.... Exemplar

Nr. 56 / 68

EINZEL-INFORMATION

über

Einschätzung der schriftlichen staatsfeindlichen Hetze im Zeitraum 21.08. 1968 - 08. 09. 1968

Nach dem Einmarsch der Truppen der 5 Bruderländer in die CSSR zeigte sich in der Hauptstadt ein sprunghaftes Ansteigen der Delikte der schriftlichen Hetze gegen die Maßnahme und der schriftlichen anonymen Stellungnahme für den konterrevolutionären Weg in der CSSR.

An 389 Stellen in Berlin wurden insgesamt 3 528 Flugblätter verbreitet und an 212 Stellen 272 Losungen geschmiert.

Auf die Stadtbezirke aufgegliedert ergibt sich folgendes Bild: (Siehe Anlage)

Das mehrmalige Verbreiten von Flugblättern oder Anschmieren von Hetzlosungen durch ein und denselben Täter zählt als ein Vorkommnis, jedoch wurde das Auftreten von Tätern in mehreren Stadtbezirken in jedem der betroffenen Stadtbezirke aufgeführt.

Bezeichnend ist der Rückgang an Flugblättern und Hetzlosungen nach den Moskauer Verhandlungen bis Ende August.

Die Herstellungs- und Verbreitungsmethoden der Flugblätter und das Schmieren der Losungen zeigen keine besonders raffinierten Methoden. Überwiegend wurde auf öffentlichen Plätzen und Straßen geworfen im Unterschied zur sonstigen Verbreitung, wo das Einwerfen in Hausbriefkästen überwiegt.

Die Täter waren in der Mehrzahl bereit, ein größeres Risiko einzugehen.

In keinem Fall wurde eine Massenwirksamkeit erreicht, da gestreute Flugblätter sofort eingesammelt und geschmierte Losungen rasch entfernt wurden.

Die Täter wandten sich mit ihren Losungen und Flugblättern hauptsächlich gegen die Maßnahmen der Bruderländer und forderten in den meisten Fällen den Abzug der Truppen.

An zweiter Stelle in der Häufigkeit des Auftretens liegen Bekenntnisse zu Dubcek bzw. zum revisionistischen Weg der tschechoslowakischen Partei- und Staatsführung.

Nur ein geringer Teil der Täter bekannte sich offen zur Konterrevolution.

Mit dem Rückgang der schriftlichen Hetze Ende August zeigte sich für einige Tage ein Ansteigen der faschistischen Hetze und ein verstärktes Schmieren von Hakenkreuzen.

In verschiedenen Fällen reagierten die Täter unmittelbar auf die Hetze oder Informationen westlicher Rundfunk- und Fernsehsender. Das trat z. B. besonders deutlich bei den Forderungen "Freiheit für Dubcek!" und "Freiheit für die Söhne Havemanns!" zutage.

Bei den ermittelten Tätern der Verbreitung von Flugblättern und des Schmierens von Losungen handelt es sich fast ausschließlich um Personen unter 30 Jahre, vornehmlich um das Alter zwischen 17 und 25 Jahren. Die Tendenz, daß eine Reihe von Tätern der schriftlichen Hetze Jugendliche unter 16 Jahren bzw. zum Teil geistig primitive Menschen sind, zeigte sich während des genannten Zeitraumes nicht. Bei den Tätern handelt es sich fast ausnahmslos um Personen, die wußten, was sie mit ihren Handlungen erreichen wollen. Beispielsweise traten mehr als 10 Jugendliche, die zum Diskussionskreis um Havemann und dessen Söhne gehören und in der Milch-Mokka-Eis-Bar Karl-Marx-Allee verkehrten, durch das Anschmieren von Losungen und die Verbreitung von Flugblättern in Erscheinung, so daß gegen sie Ermittlungsverfahren eingeleitet wurden.

Es kann eingeschätzt werden, daß alle größeren Aktionen der Flugblattverbreitung aufgeklärt wurden. Von 63 % aller verbreiteten Flugblätter sind die Täter ermittelt. Bei Hetzlosungen beträgt die Prozentzahl 12.

Das gute Zusammenwirken zwischen Volkspolizei und Verwaltung für Staatssicherheit trug wesentlich dazu bei, daß zahlreiche Täter auf frischer Tat gestellt wurden. In diesem Zusammenhang muß auch erwähnt werden, daß sich der erfolgte Einsatz von Sicherungskräften an Schwerpunkten voll bewährt hat.

Es wird zweckmäßig sein, bei künftigen Ereignissen, die ein verstärktes Aktivwerden feindlicher Kräfte erwarten lassen, auf diesen Erfahrungen aufzubauen und möglichst viel Kräfte auf den Straßen zum Einsatz zu bringen, um Täter auf frischer Tat zu stellen.

Verteiler
s. umst.
Anlage
1 Blatt

i.V. [Unterschrift]

Verteiler:
1 x Genosse Verner, 1. Sekretär SED-BL
1 x Genosse Teuber, Generalstaatsanwalt v. Gr.Bln.
1 x Genosse Ende, Präsident der DVP Bln.

Anlage

Stadtbezirk	Vorkommnisse insgesamt	Flugblätter			Losungen		
		Verbreitungen	Anzahl der Flugblätter	aufgekl. Flugbl.	Delikte	Anzahl d. Losungen	aufgekl. Losungen
Mitte	44	22	1 150	534	22	35	15
Prenzl. Berg	36	29	746	456	7	20	1
Pankow	28	16	217	69	12	23	-
Weißensee	20	8	28	18	12	17	1
Friedrichshain	27	16	109	88	11	42	5
Lichtenberg	22	10	25	6	12	25	5
Treptow	18	9	1 058	1 002	9	12	3
Köpenick	30	8	64	49	22	37	4
BVG	22	9	25	-	13	18	-
S-Bahn	70	23	106	-	47	43	-
Insgesamt	317	150	3 528	2 222	167	272	34

Hauptabteilung IX   Berlin, den 2. Dezember 1968
774/68

Statistische Übersicht

über den Gesamtanfall an Ermittlungsverfahren wegen Straftaten im Zusammenhang mit den Maßnahmen der verbündeten sozialistischen Staaten zur Sicherung der sozialistischen Ordnung in der CSSR

Insgesamt wurden vom 21.8.1968 bis 30.11.1968 von den Rechtspflegeorganen der DDR wegen Straftaten im Zusammenhang mit den Maßnahmen der verbündeten sozialistischen Staaten zur Sicherung der sozialistischen Ordnung in der CSSR Ermittlungsverfahren gegen

1290 Personen

in Bearbeitung genommen, und zwar durch

MfS   506 Personen

DVP, Trapo, Militärstaatsanwalt   784 Personen.

Es ergibt sich dazu folgende Übersicht:

nach Delikten:

	MfS	and. Organe	insgesamt
§ 106 StGB	383 = 75,69%	42 = 5,36%	425 = 32,95%
§ 220 StGB	64 = 12,65%	706 = 90,09%	770 = 59,69%
sonst. Delikte	59 = 11,66%	36 = 4,55%	95 = 7,36%

nach Altersstruktur:

	MfS	and. Organe	insgesamt
unter 18 Jahre	99 = 19,56%	174 = 22,20%	273 = 21,16%
18 - 20 Jahre	135 = 26,68%	144 = 18,36%	279 = 21,62%
21 - 24 Jahre	100 = 19,77%	123 = 15,68%	223 = 17,29%
25 - 44 Jahre	143 = 28,26%	269 = 34,32%	412 = 31,94%
über 45 Jahre	29 = 5,73%	74 = 9,44%	103 = 7,99%

nach sozialer Stellung:

	MfS	and. Organe	insgesamt
Schüler	38 = 7,51%	35 = 4,46%	73 = 5,66%
Lehrlinge	73 = 14,42%	97 = 12,37%	170 = 13,18%
Studenten	39 = 7,72%	4 = 0,51%	43 = 3,33%
Intellektuelle	18 = 3,57%	2 = 0,25%	20 = 1,55%
Arbeiter/Angestellte	290 = 57,30%	617 = 78,71%	907 = 70,31%
Sonstige	48 = 9,48%	29 = 3,70%	77 = 5,97%

nach sonstigen Merkmalen:

	MfS	and. Organe	insgesamt
Rückkehrer/ Zuziehende	21 = 4,15%	111 = 14,16%	132 = 10,23%
Vorbestrafte	67 = 13,24%	119 = 15,18%	186 = 14,42%

Von den in Ermittlungsverfahren festgestellten Straftaten wurden begangen

am 21.8.1968	13,33%
in der Zeit vom 22.8. - 25.8.1968	48,75%
vom 21.8. - 25.8.1968 insgesamt	62,08%
in der Zeit vom 26.8. - 30.8.1968	24,09%
vom 21.8. - 30.8.1968 insgesamt	86,17%
in der Zeit vom 31. 8. - 5. 9.1968	6,12%
" " " " 6. 9. - 30. 9.1968	6,18%
" " " " 1.10. - 31.10.1968	0,63%
" " " " 1.11. - 30.11.1968	0,90%

auf Straßen und Plätzen	40,04%
auf der Arbeitsstelle	15,13%
in Gaststätten	14,70%
an oder in öffentlichen Gebäuden	10,52%
in Wohnungen	7,56%
in öffentlichen Verkehrsmitteln	3,63%
in der CSSR	1,91%

in Ferienheimen/auf Zeltplätzen	1,23%
in Schulen	0,61%
an anderen Tatorten	4,67%

Verteiler:

1. Expl.: Genosse Minister
2. Expl.: Leiter der HA IX
3. Expl.: Ablage

Chronologie des Prager Frühlings

5. Januar 1968:
Staats- und Parteichef Antonin Novotny wird als Chef der KPC von Alexander Dubcek abgelöst.

2. März:
Der führende Politoffizier der Armee und Freund Novotnys, Generalmajor Jan Sejna, flieht in den Westen. General Prchlik verhindert Putsch der Anhänger Novotnys.

5. März:
Chefideologe Jiri Hendrych abgesetzt.

14. März:
Der slowakische Nationalrat in Preßburg fordert die Umbildung der Tschechoslowakei in eine Föderation.

22. März:
Auf wachsenden Druck der Öffentlichkeit hin tritt Novotny als Staatspräsident zurück.

30. März:
Der frühere Verteidigungsminister Ludvik Svoboda zum Staatspräsident gewählt.

9. April
Neue Regierung unter Ministerpräsident Oldrich Cernik.

18. April:
Die Nationalversammlung wählt den Hauptsprecher der Reformer, Josef Smrkovsky, zu ihrem neuen Präsidenten.

4. Mai:
Dubcek in Moskau. Bitte um neue Kredite.

8. Mai:
Die Parteiführer der Sowjetunion, Polens, der DDR, Ungarns und Bulgariens konferieren in Moskau.

17. Mai:
Kossygin zu Gesprächen in Prag und Karlsbad.

30. Mai:
Novotny aus dem ZK der KPC ausgeschlossen. Einmarsch von 16 000 Mann sowjetischer Manövertruppen in die CSSR.

1. Juni:
Das Zentralkomitee in Prag beruft für September einen außerordentlichen Parteitag ein.

18. Juni:
Beginn der Ostblockmanöver in der CSSR. Ihr Ende wird zum ersten Mal am 1. Juli gemeldet. Doch erst Ende Juli verlassen die letzten sowjetischen Einheiten das Land.

28. Juni:
Das "Manifest der 2 000 Worte" des Schriftstellers Vaculik, in dem eine schnellere Liberalisierung verlangt wurde, wird von der Regierung in Prag bedauert.

7. Juli:
Besorgte Briefe aus Moskau, Warschau und Ostberlin an die Prager Reformer.

14. Juli:
Warschauer Konferenz der UdSSR, Polens, Ungarns, Bulgariens und der DDR. Prag hatte eine Teilnahme abgelehnt und zweiseitige Gespräche innerhalb der CSSR vorgeschlagen. Die Konferenzteilnehmer richten einen Brief an Prag.

19. Juli:
Moskau akzeptiert zweiseitige Gespräche und schlägt Konferenzorte in der Sowjetunion vor. Beginn der bisher größten Manöver seit 1945 in den Westprovinzen der Sowjetunion; die Übungen werden später auf Gebiete Polens, der DDR und Ungarns ausgeweitet.

22. Juli:
Moskau akzeptiert einen Konferenzort in der CSSR, besteht jedoch auf Teilnahme der gesamten Politbüros beider Länder.

27. Juli:
Prag distanziert sich von Generaloberst Prchlik, der eine Reform des Warschauer Pakts gefordert hatte.

29. Juli:
Mehrtägige Konferenz in Cierna nahe der sowjetischen Grenze.

3. August:
Konferenz der Mitgliedstaaten des Warschauer Pakts (ohne Rumänien) in Preßburg. Prag darf Liberalisierung fortsetzen, soll jedoch Polemik gegen die Bruderparteien einstellen.

9. August:
Tito in Prag.

12. August:
Ulbricht trifft Dubcek in Karlsbad.

15. August:
Ceausescu unterzeichnet in Prag einen neuen Freundschafts- und Beistandspakt zwischen der CSSR und Rumänien.

17. August:
Moskau eröffnet neue Pressekampagne gegen die Prager Reformer.

21. August:
Einmarsch in die CSSR.

27. August:
Sogenannte "Vereinbarungen" zwischen der tschechoslowakischen und der sowjetischen Führung sollen eine Normalisierung der Verhältnisse bringen. Trotzdem weiterhin passiver Widerstand der tschechoslowakischen Bevölkerung.

28. Oktober:
Am 50. Jahrestag der tschechoslowakischen Staatsgründung gibt es im ganzen Land antisowjetische Demonstrationen.

7. November:
Im ganzen Land kommt es zu antisowjetischen Demonstrationen.

16. Januar 1969:
Selbstverbrennung von Jan Pallach.

28. März 1969:
Ausschreitungen gegen Soldaten der Roten Armee.

17. April 1969:
Endgültiger Machtwechsel und Ausschaltung der tschechoslowakischen Reformer; Gustav Husak beendet den *Sozialismus mit menschlichem Antlitz*. 30.000 Tschechoslowaken emigrieren und 350.000 Mitglieder der KPC treten aus der Partei aus.

Bibliografie

Aufgespießt. S. 2, in: *Frankfurter Rundschau*, 24. Jahrgang, Nr. 87, Donnerstag, den 11. April 1968.

AP/UPI/dpa, Prag bremst Ungeduld beim Ruf nach Reform. Heftige Reaktion auf Prominenten-Resolution. S. 1-2, in: *Frankfurter Rundschau*, 24. Jahrgang, Nr. 148, Samstag, den 29. Juni 1968.

Bollinger, S., Dritter Weg zwischen den Blöcken? Prager Frühling 1968: Hoffnung ohne Chance. Schriftenreihe des Vereins "Gesellschaftswissenschaftliches Forum e.V.", Berlin. Berlin 1995.

Botschaft der Bürger an das Präsidium des Zentralkomitees der KPC. Aus *Literarni Listy*, Sonderausgabe vom 26. Juli 1968. S. 299-302, in: Löbl, E./Grünwald, L., Die intellektuelle Revolution. Hintergründe und Auswirkungen des "Prager Frühlings". Düsseldorf 1969.

Brügger, C., Der Prager Weg. 1963-1968. S. 35-78, in: Sager, P./Brügger, C. (Hrsg.), Prag 1968 - Analyse. Bern 1968.

Cernik, O., Nicht wegen der kritischen Worte ... Aus der vor der Nationalversammlung abgegebenen Erklärung vom 29. Juni 1968. S. 29, in: Skibowski, K. O., Schicksalstage einer Nation. Die CSSR auf dem Weg zum progressiven Sozialismus. Düsseldorf und Wien 1968.

Csizmas, M., Die kommunistische Partei der Tschechoslowakei im Konflikt. S. 79-104, in: Sager, P./Brügger, C. (Hrsg.), Prag 1968 - Analyse. Bern 1968.

Das Aktionsprogramm der Kommunistischen Partei der Tschechoslowakei (Autorisierter Auszug). S. 133-157, veröffentlicht in: *Smena* vom 10. März 1968 (Bratislava); abgedruckt in: Grünwald, L. (Hrsg.), CSSR im Umbruch. Berichte, Kommentare, Dokumentation. Wien 1968.

Die Ehefrau des langjährigen Generalsekretärs der Prager KP, Rudolf Slansky, im Interview mit H. Jungwirth.: "Solange man nicht die ganze Wahrheit sagt ...". S. 3, in: *DIE ZEIT*, Nr. 29, 23. Jahrgang, Freitag, den 19. Juli 1968.

Falin, V., Politische Erinnerungen. Aus dem Russischen von Heddy Pross-Werth. München 1993.

Fenner, C., Liberalisierung und Demokratisierung des Sozialismus in der CSSR. S. 1-37, in: Bundeszentrale für Politische Bildung (Hrsg.), Aus Politik und Zeitgeschichte. Beilage zur Wochenzeitung *DAS PARLAMENT*. B 45/70 vom 7. November 1970. Bonn 1970.

Fischer, E., Geistige Partisanen. Über Macht und Ohnmacht der Intellektuellen in der sozialistischen Welt. S. 32, in: *Die Zeit*, Nr. 11, 23. Jahrgang, Freitag, den 15. März 1968.

Fischer, E., "Kommunismus ist Demokratie". S. 80-82, in: DER SPIEGEL, Nr. 35 vom 26. August 1968.

Fuchs, V., Nach zehn Jahren - Rückblick auf den Prager Frühling. S. 3-23, in: Bundeszentrale für politische Bildung (Hrsg.), Aus Politik und Zeitgeschichte. Beilage zur Wochenzeitung *Das Parlament.* B 31/78 vom 5. August 1978. Bonn 1978.

Gemeinsamer Brief von fünf kommunistischen und Arbeiterparteien an das Zentralkomitee der KPC vom 15. Juli 1968. Aus: Neues Deutschland, Berlin-Ost, 18. Juli 1968. S. 158-167, in: Csizmas, M., Prag 1968 - Dokumente. Bern 1968.

Goldstücker, E., Sozialistische Demokratisierung. S. 11-12, in: Grünwald, L. (Hrsg.), CSSR im Umbruch. Berichte, Kommentare, Dokumentation. Wien 1968.

Grebing, H., Der Revisionismus. Von Bernstein bis zum "Prager Frühling". München 1977.

Grünwald, L., Teil 2. Wir alle sind Tschechoslowaken. S. 105-239, in: Löbl, E./Grünwald, L., Die intellektuelle Revolution. Hintergründe und Auswirkungen des "Prager Frühlings". Düsseldorf 1969.

Haefs, H., Die Ereignisse in der Tschechoslowakei vom 27. 6. 1967 bis 18. 10. 1968. Ein dokumentarischer Bericht. Bonn, Wien und Zürich 1969.

Havemann, R., Sozialismus und Demokratie. Ein freisinniges Wort zu der Umwälzung in der Tschechoslowakei. S. 2, in: *DIE ZEIT*, Nr. 22, 23. Jahrgang, Freitag, den 31. Mai 1968.

Hejzlar, Z., Reformkommunismus. Zur Geschichte der Kommunistischen Partei der Tschechoslowakei (Aus dem Tschechischen übertragen von Peter Aschner). Frankfurt am Main und Köln 1976.

Horsky, V., Prag 1968. Systemveränderung und Systemverteidigung. Studien zur Friedensforschung. Herausgegeben von Georg Picht u.a. Forschungsstätte der Evangelischen Studiengemeinschaft (F.E.S.T.) Heidelberg. Band 14. München und Stuttgart 1975.

Husak, G., Um das Vertrauen der Menschen. S. 9-10, in: Grünwald, L. (Hrsg.), CSSR im Umbruch. Berichte, Kommentare, Dokumentation. Wien 1968.

Hribek, B./Mejsnar, J./Chuchmak, M., Tschechoslowakei 1968. Prager Frühling? Düsseldorf 1988.

Institut für Marxismus-Leninismus beim ZK der SED (Hrsg.), Engels, F., Die Lage Englands. S. 525-549, in: MEW. Band 1. Berlin 1970.

Klönne, A., CSSR-Intervention und die Linke. S. 906-914, in: Bentele, H. u.a. (Hrsg.), Blätter für deutsche und internationale Politik. September 1968, Heft 9, S. 906.

Kosta, J., Debatten über ein alternatives Wirtschaftssystem in Osteuropa (Leicht überarbeitete Fassung des Pariser Beitrags, veröffentlicht in: Die Neue Gesellschaft, 29. Jg., 6/1982, S. 561-566). S. 196-209, in: Mlynar, Z. (Hrsg.), Der "Prager Frühling". Ein wissenschaftliches Symposium. Köln 1983.

KPC, Die Antwort. Stellungnahme des Präsidiums des Zentralkomitees der KPC zum gemeinsamen Brief von fünf kommunistischen und Arbeiterparteien. Prag, am 18. Juli 1968. Aus der Prager "Volkszeitung", Nr. 30 vom 26. Juli 1968. S. 40-56, in: Skibowski, K. O., Schicksalstage einer Nation. Die CSSR auf dem Weg zum progressiven Sozialismus. Düsseldorf und Wien 1968.

Kusak, A./Künzel, F. P., Der Sozialismus mit menschlichem Gesicht. Experiment und Beispiel der sozialistischen Reformation in der Tschechoslowakei. München 1969.

Leonhard, W., Auf dem Weg zum sozialistischen Pluralismus. Der Kommunismus verliert seine Einheitlichkeit. S. 5, in: *DIE ZEIT*, Nr. 13, 23. Jahrgang, Freitag, den 29. März 1968.

Leonhard, W., Die Dreispaltung des Marxismus. Ursprung und Entwicklung des Sowjetmarxismus, Maoismus und Reformkommunismus. Düsseldorf und Wien 1970.

Liehm A. J., Nun im Ernst: Wie geht es weiter? S. 159-170, in: Skvorecky, J. (Hrsg.), Nachrichten aus der CSSR. Dokumentation der Wochenzeitung »Literarny listy« des Tschechoslowakischen Schriftstellerverbandes. Prag, Februar - August 1968. Frankfurt am Main 1968.

Löbl, E., Teil 1. Die intellektuelle Revolution. S. 7-104, in: Löbl, E./Grünwald, L., Die intellektuelle Revolution. Hintergründe und Auswirkungen des "Prager Frühlings". Düsseldorf 1969.

Löbl, E., Marxismus und Reichtum. Das neue Wirtschaftsmodell eines Slowaken. S. 32, in: *DIE ZEIT*, Nr. 14, 23. Jahrgang, Freitag, den 5. April 1968.

Mlynar, Z., Nachtfrost. Das Ende des Prager Frühlings. Köln und Frankfurt am Main 1988.

Mlynar, Z., "Prager Frühling" und die gegenwärtige Krise politischer Systeme sowjetischen Typs. S. 17-66, in: Mlynar, Z. (Hrsg.), Der "Prager Frühling". Ein wissenschaftliches Symposium. Köln 1983.

Müller, A., Zehn Jahre nach dem Prager 21. August. Eine Betrachtung. S. 667-674, in: Deutsche Gesellschaft für Osteuropakunde (Hrsg.), Osteuropa. Zeitschrift für Gegenwartsfragen des Ostens. 28. Jahrgang, 1978.

Norden, P., Prag, 21. August. Das Ende des Prager Frühlings. Neu bearbeitet von Gerd Michael Herbig. München 1977.

Pauer, J., Der tschechoslowakische Reform- und Demokratisierungsprozeß im Lichte der "Perestrojka". S. 44-57, in: Miller, T. (Hrsg.), Prager Frühling und Reformpolitik heute. Hintergründe, Entwicklungen und Vergleiche der Reformen in Osteuropa. Akademiebeiträge zur politischen Bildung. Band 20. Herausgegeben von der Akademie für Politische Bildung, Tutzing. München 1989.

Pelikan, J., Internationale Arbeiterbewegung, "Prager Frühling" und weitere Reformversuche am sowjetischen Gesellschaftsmodell. S. 233-272, in: Mlynar, Z. (Hrsg.), Der "Prager Frühling". Ein wissenschaftliches Symposium. Köln 1983, S. 233.

Pelikan, J., Sozialistische Opposition in der CSSR. Analyse und Dokumente des Widerstands seit dem Prager Frühling. Um Dokumente 8 bis 14 ergänzte Ausgabe (Nach der unter dem Titel "Ici Prague" bei Editions du Seuil, Paris, erschienenen französischen Originalausgabe). Frankfurt am Main und Köln 1974.

Pressegruppe sowjetischer Journalisten (Hrsg.), Zu den Ereignissen in der Tschechoslowakei. Tatsachen, Dokumente, Presse- und Augenzeugenberichte. Erste Folge. Moskau 1968.

Sager, P., Über den liberalen Kommunismus. S. 143-152, in: Sager, P./Brügger, C. (Hrsg.), Prag 1968 - Analyse. Bern 1968.

Schiller, U., Selten war der Kreml so ratlos. Zwischen leninistischer Theorie und stalinistischer Praxis. S. 4, in: *DIE ZEIT*, Nr. 29, 23. Jahrgang, Freitag, den 19. Juli 1968.

Schmidt-Häuer, C./Müller, A., Viva Dubcek. Reform und Okkupation in der CSSR. Berlin und Köln 1968.

Selucky, R., Reformmodell CSSR - Entwurf einer sozialistischen Marktwirtschaft oder Gefahr für die Volksdemokratien? Herausgegeben von Fritz J. Raddatz. Reinbek bei Hamburg 1969.

Sik, O., Wirtschaftsreform in der CSSR der 60er Jahre. S. 21-32, in: Miller, T. (Hrsg.), Prager Frühling und Reformpolitik heute. Hintergründe, Entwicklungen und Vergleiche der Reformen in Osteuropa. Akademiebeiträge zur politischen Bildung. Band 20. Herausgegeben von der Akademie für Politische Bildung, Tutzing. München 1989.

Slama, J., Die Entdeckung des pluralistischen Sozialismus. S. 191-196, in: Skvorecky, J. (Hrsg.), Nachrichten aus der CSSR. Dokumentation der Wochenzeitung »Literarny listy« des Tschechoslowakischen Schriftstellerverbandes. Prag, Februar - August 1968. Frankfurt am Main 1968.

Smrkovsky, J., "1000 Worte" vom 19. 7. 1968. S. 154-158, in: Csizmas, M., Prag 1968 - Dokumente. Bern 1968.

Stehle, H., Das Ende eines Regimes. Nach Novotnys Herrschaft: Freiheit und Sozialismus in Prag. S. 3, in: *DIE ZEIT*, Nr. 12, 23. Jahrgang, Freitag, den 22. März 1968.

Stehle, H., Prag und die roten Brüder. Östliche Einheit: nur in der nationalen Vielfalt. S. 1, in: *DIE ZEIT*, Nr. 31, 23. Jahrgang, Freitag, den 2. August 1968.

Tiedtke, J., "Prager Frühling" und demokratischer Sozialismus. S. 712-717, in: Die Neue Gesellschaft. 35. Jg., 1988.

Ullmann, M., Die Rolle der Intelligenz in einer politischen Entwicklung (dargestellt am Beispiel der Tschechoslowakei). Inaugural-Dissertation zur Erlangung des Doktorgrades der Philosophischen Fakultät der Ludwig-Maximilians-Universität zu München. München 1975.

Vaculik, L., Zweitausend Worte. Aus der Prager Volkszeitung vom 19. Juli 1968. S. 146-153, in: Csizmas, M., Prag 1968 - Dokumente. Bern 1968.

Vranicki, P., Geschichte des Marxismus. Band 2. Erweiterte Ausgabe. Frankfurt am Main 1983.

Zum Autor

Dr. phil. Markus Herbert Schmid M.A., *1964, Studium der Neueren und Neuesten Geschichte, der Mittel- und Osteuropäischen Zeitgeschichte und der Politikwissenschaft an der Katholischen Universität Eichstätt - Ingolstadt.

www.mh-schmid.de